病と妖怪

—予言獣アマビエの正体

東郷 隆
Togo Ryu

インターナショナル新書 071

目次

＊現代語訳でとくに出典明記のないものは、著者による意訳である。
＊読みやすさを考慮して、引用資料の旧字・異体字は通字に改め、適宜ルビなども補った。

まえがき

令和二年（二〇二〇）の早春。

中国の武漢《ぶかん》から始まった「新型コロナウイルス感染症」は対岸の火事などではなかった。一月終わり頃から日本国内でも徐々に感染が広がり、二月二十六日には都内在住者で初の死者が出た。集団感染を防ぐため、政府は大規模なイベントの自粛要請や全国すべての小中学校などに臨時休校を求めた。リモートワークを推奨する会社も増え、街角の人影はまばらとなり、繁華街は不気味な静寂に包まれるようになっていった。

多くの人々が室内に籠って感染報道に一喜一憂し、ＳＮＳなどで独自の情報収集と交換を活発化させていた。

そんな中、突如「アマビエ」なるものが、登場する。

きっかけは妖怪掛け軸専門店「大蛇堂《おろちどう》」が、疫病除けにまつわる言い伝えがある江戸時代の妖怪「アマビエ」のイラストをツイッターに投稿。「今こそアマビエの絵をあげてほしい」と呼びかけたことからだ。するとSNS上ではアマビエの絵を投稿する「アマビエチャレンジ」が広がり、三月十七日、水木プロダクションが水木しげる氏（一九二二〜二〇一五）の描いたアマビエのイラストをツイッター上に掲載すると、十二万件超ものリツイートがなされ、その存在が爆発的に知られるようになった。

水木しげる氏の図鑑にもたびたび登場する、鳥とも人魚ともつかない水生の妖獣《ようじゅう》。一部の妖怪好きには、以前から知られていたその存在が、この時期に再び注目されたのは、疫病を予言し、その防止を謳《うた》う縁起ものであったからだろう。

四月に入り緊急事態宣言によって活動自粛が本格化し、報道が一部の医療関係者の発言を受けて、悲愴感をあおりたてるようになると、その反動もあってか、ワイドショーなどテレビ番組も「流行の妖怪」として「アマビエ」を取りあげ始める。また、イラストレーターや手先の器用な芸能人などが、独自にアレンジした「アマビエ」を描いたり作ったりして発表したため、この妖怪は、一気に市民権を得ることとなったのである。

本書では、このアマビエを始めとする、予言を行う異形のもの、いわゆる「予言獣」を中心に取りあげてみた。こうした庶民の関心を呼ぶ妖怪・霊獣の伝承には、過去に何度か爆発的な流行があり、地域差もあるため、そのすべてを記述することは困難だが、江戸末期から明治にかけて、瓦版・錦絵・絵札に登場したモノを中心に触れていこうと思う。

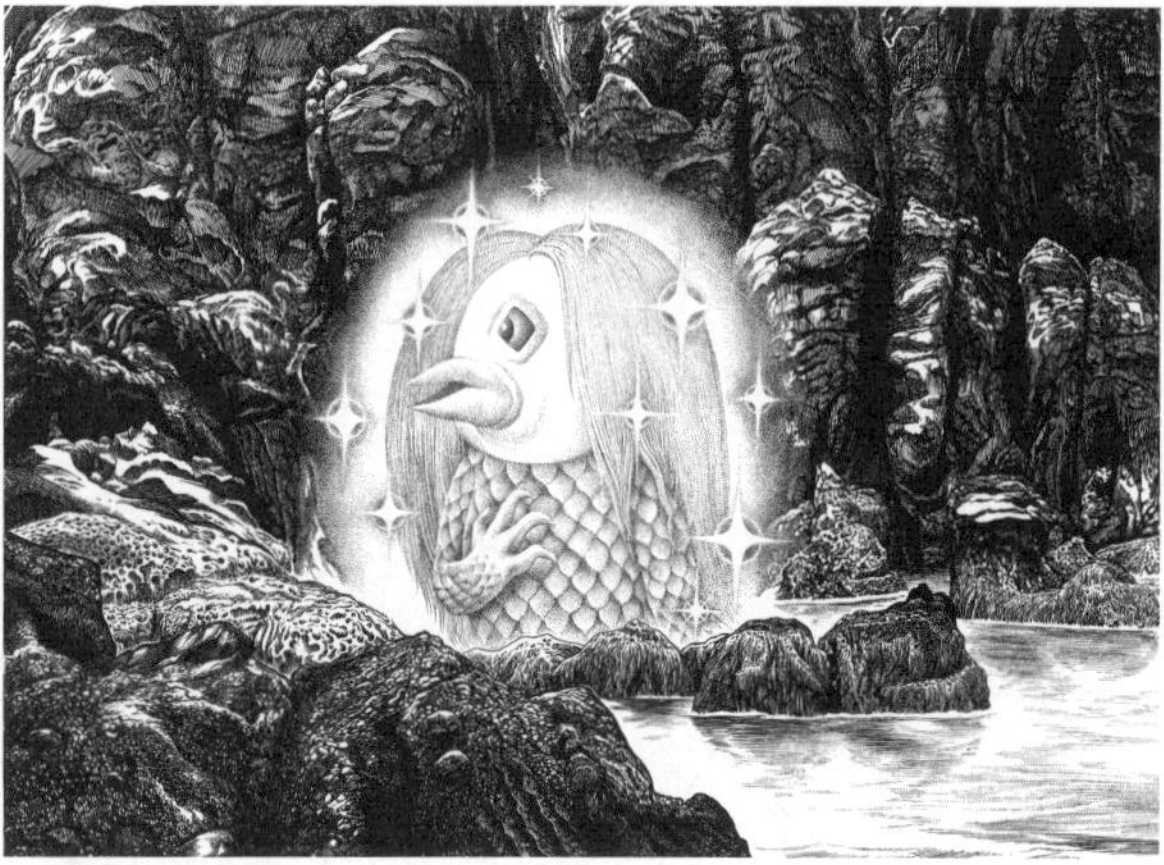

水木しげる氏が描いたアマビエ。 ©水木プロ

アマビエの図「肥後国海中の怪」。(京都大学附属図書館所蔵)

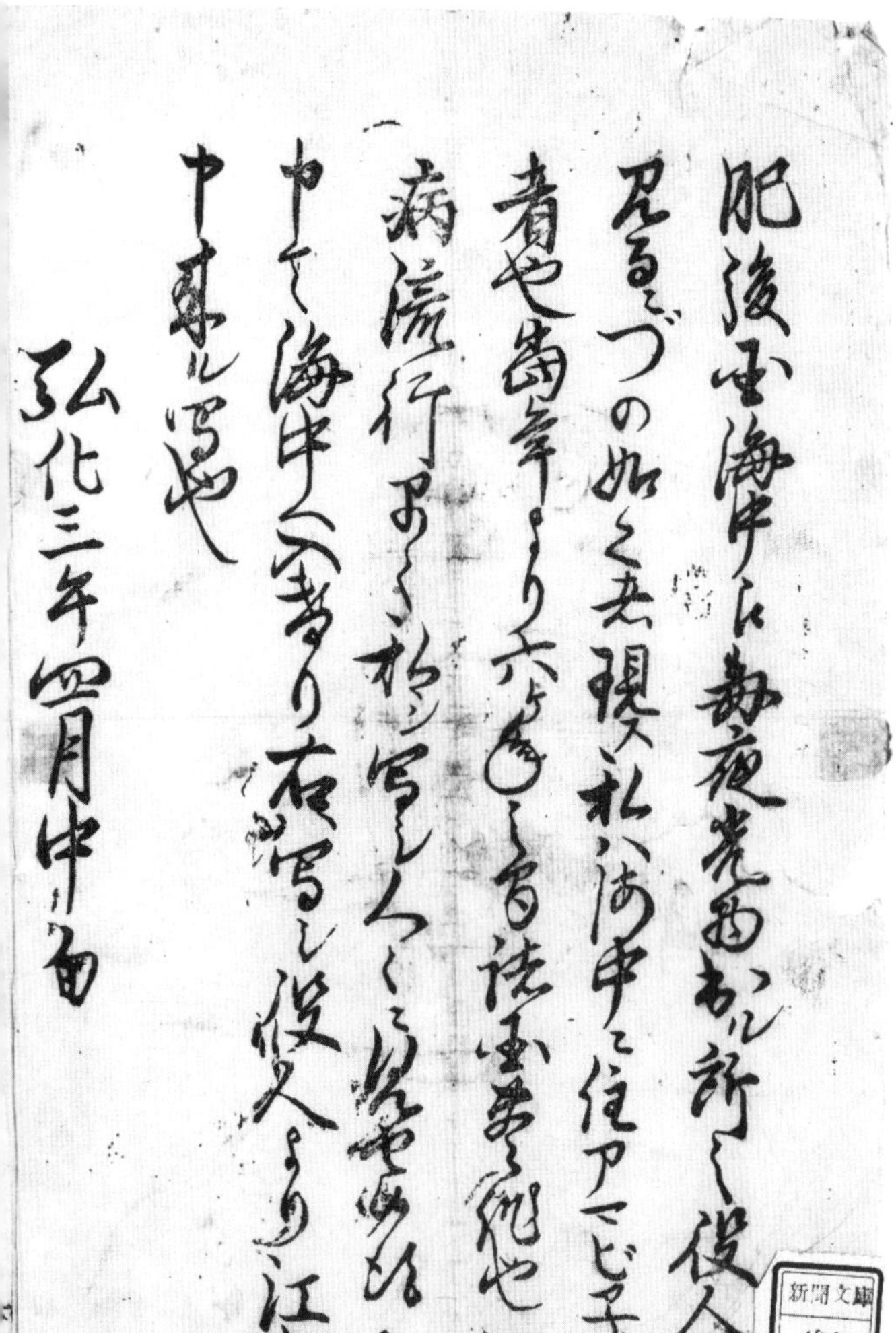
肥後国海中江毎夜光物出ル所之役人行
見るにづの如之者現ス私ハ海中ニ住アマビヱト申
者也当年より六ヶ年之間諸国豊作也併
病流行早々私ヲ写シ人々ニ見セ候得と
申て海中へ入けり右ハ写シ役人より江戸江
申来ル写也
弘化三年四月中旬

「肥後国海中の怪」

【翻刻】

肥後国海中江毎夜光物出ル　所之役人行
見るニ　づの如之者現ス　私ハ海中ニ住アマビヱト申
者也　當年より六ヶ年之間　諸国豊作也　併
病流行　早々私ヲ写シ人々ニ見セ候得と
申て海中へ入けり　右ハ写シ役人より江戸江
申来ル写也
弘化三年四月中旬

【現代語訳】

肥後国《ひごのくに》（現・熊本県）の海中から毎夜、光る物が出てくる。この所轄の役人が行って見ると、図のような者が姿を現し、「私は海中に住む〝アマビエ〟という者です。当年より六ヶ年の間、諸国豊作となるでしょう。しかし、同時に病も流行します。早々に私の姿を描き写して人々に見せなさい」と言って海へ入っていった。右（左の間違いか？）は、役人より江戸へ送られたものを写したものである。

弘化《こうか》三年（一八四六）四月中旬

第一章　アマビエはどこから来たのか

疫病と俗信

その昔、庶民がとくに恐れていたものは、地震と火災、そして凶作と疫病だった。現在、凶作は食糧の備蓄や輸入で、疫病は医療である程度防ぐことはできるが、昔の人にとっては凶作も疫病も天災と同じ。人間の力では防ぎきれない災厄とされた。天候不順が続けばそれは飢饉《ききん》につながり、また、いちど疫病が広がると、医療技術の乏しい時代、その収束までには多くの人命が奪われていった。

現代でもチフス・赤痢《せきり》・コレラ・猩紅熱《しょうこうねつ》・天然痘《てんねんとう》など計十一種が、法定伝染病に指定されている。江戸時代にはこの他にもインフルエンザが猛威をふるい、「江戸患《わずら》い」と名づけられた脚気《かっけ》も伝染病と考えられており、人々にとってはどの病も恐怖の対象だった。

疫病が流行してもワクチンや治療薬のない、医療に頼れぬ当時の人々は、神仏にすがるしかなかった。各地の寺社では悪疫退散の祈禱《きとう》が行われたが、そうした既存の宗教から少し離れたところで、独自の「もの」を祀《まつ》る人々も多かった。

彼らの拠りどころは、凶事が起きた際に広まる噂話《うわさ》だ。

人語を解する牛馬、非業《ひごう》の死を遂げた貴人、果ては樹木や巨石までが、災厄の行く末と、そこから身を守る方法を伝えたという噂は、瞬く間に各地へ伝わっていった。祀るには、その対象となる物体が必要となる。もっとも手近なものは、信じる神々（妖怪）を描いた護符（守り札）だ。

初めはその名を記したり、放浪の僧や行者《ぎょうじゃ》の書いた奇妙な呪文《じゅもん》を引き写したりしていた人々も、やがて対象物の図像をありがたがるようになっていく。

歌川国芳「金太郎の猪退治」子どもの疱瘡除けに赤色で摺ってある。（都立中央図書館特別文庫室蔵）

だが、図像を模写するのは、絵心の乏しい人間にとって至難の業だ。

江戸期は、木版による摺《す》り物が独自の進化を遂げた。軽便な印刷技術の普及によって、庶民もありがたい図像を容易に手に入れることができるようになった。

このような病除けの図像の、典型的な例に、「疱瘡絵《ほうそう》」がある。

魔を払う力の持ち主とされる、鐘馗《しょうき》・鎮西八郎《ちんぜいはちろう》（源為朝《みなもとのためとも》）・金太郎・桃太郎などの姿を、病魔が恐れるという赤い色で摺り、門口《かどぐち》などに貼り付けるのだ。

別名を「赤絵」と称するこれらの絵は疱瘡（天然痘）を軽くし、「いもがさ」「もがさ」と呼ばれた疱瘡の治癒後に残る痘痕《あばた》も防ぐとされた。

とくに娘を持つ親は、その器量が損なわれぬようにと祈り、疱瘡が流行していない時も、これを寝所の枕元に貼った。

アマビエの出現

さて、「アマビエ」についてである。

イラストや人形として現代に甦ったその姿は、どれも同じようである。

長い髪。鱗《うろこ》のついた胴。三本の足。目は菱形でくちばしを持ち、波間に浮いているところは、人魚と水鳥が合体したようにも見える。

令和二年春、ＳＮＳによって広まったこの姿は、いったいどこから来たものなのだろうか。実は原典がはっきりしている。

「肥後国《ひごのくに》海中の怪」と題され、弘化《こうか》三年（一八四六）四月の年号と月が入った半紙一枚ほどの瓦版に描かれた図像（十頁参照）だ。京都帝国大学図書館の朱印と、同新聞文庫の整理ラベルの付いたこれには、別に昭和十七年五月三十日の収蔵印が入っている。文面はなかなかに達筆だが、それに引き換え添えられたアマビエの形はまるで子供が描いたかのように稚拙《ちせつ》だ。波の形は畑の畝《うね》に似て、アマビエ本体も、波間から浮かび上がるというより空中にぶら下がっている感じである。

しかしこのヘタウマさ加減が逆に現代人の心の琴線に触れたのだろう。ともかく愛嬌《あいきょう》のある姿なのだ。

添えられた文章の現代語訳は十三頁を参照して欲しい。

文末の年号は弘化三年だが、この年から六ヶ年のうちに流行病があるという予言は当たったのだろうか。

確かに弘化三年にも天然痘が流行している。ただし、この瓦版に記された年号というのは、実はあまり信用ならないのだ。病が流行《はや》っているからこそ、その年号を記して売ってやろうという瓦版売りの商魂の表れとも考えられる。つまり、「ほら御覧。すでにアマビエは、以前からこうして病の流行を心配なさっておられたのだよ」という絵師（版元）の作為で、これは予言の、後出しジャンケンのようなものなのだ。

幕末のコレラ騒動

それよりも、アマビエが「予言」した六年後の翌年、嘉永《かえい》六年（一八五三）に江戸幕府開闢《かいびゃく》以来の騒ぎが勃発する。

アメリカ東インド艦隊司令官ペリーの率いる軍艦四隻が、相州《そうしゅう》（現・神奈川県）浦賀《うらが》に来航したのである。

いわゆる黒船騒動だが、これには後に「黒船コロリ」と呼ばれた「虎列刺《コレラ》騒ぎ」がついてくる。

幕末の古老の昔話を採集し、明治三十八年（一九〇五）に出版された『幕末百話』（篠田鉱造《こうぞう》著）は、「黒船土産大《みやげおお》コロリ」と題して、市井《しせい》の町民の生々しい証言を残している。

少し長いが引用してみよう。（なお、原文も速記録による口語文となっている）

「あの時のことをお話ししましょう。イヤ恐ろしいの怖いのと言ってあんなのも珍らしかったです。今朝話していた仁《ひと》が晩には斃《たお》れてたという。アレ只今薪《たったいままき》を割っていたのに早焼場へ持って行かれたという騒ぎなんです。（中略）黒船にコレラ患者があって、その死体を捨てて往《い》ったのが伝染したというのはありゃア嘘じゃアないようでござんす（中略）。両国橋は棺（病死者の棺）が百個通ると掃除をした。水で清めて洗ったもの、ソレが日に幾《いく》度《たび》もなんで、棺なんざ間に合わないで、箱詰め樽詰めという騒ぎ（中略）。どうしたら宜《よ》いか分りませんで、結局《しまい》には『どうとでもなりゃアがれ』と酒も呑めば喫《た》べたい物も喫べるようになりましたが、いつか漸々《だんだん》と滅《なく》なりました」

このコロリという言葉は、多くの資料に「コレラの別称」と書かれているが、遡《さかのぼ》った文《ぶん》政《せい》二年（一八一九）夏の記録では、赤痢のこととしている。コロリとコレラは語感が似ているため、時代が下るにつれて同一化されていったのかも知れない。

とにかく江戸後期になると、大規模な疫病騒ぎは枚挙にいとまがないのである。

コレラだけとってみても、文政五年（一八二二）の発生をきっかけに、天保《てんぽう》・嘉永・安《あん》政《せい》と数年おきに起こり、とくに安政五年（一八五八）の大流行は、現在の新型コロナとさして変わらぬパニックを引き起こした。前記「黒船土産大コロリ」の証言は、嘉永の話ではなく、どうもこの安政の騒ぎを指しているようだ。ちなみに、この一八五八年には米国との修好通商条約の他に蘭・英・露・仏との条約調印が立て続けにあった。江戸幕府は徳川家定《いえさだ》死去に伴い十三歳の家茂《いえもち》が十四代将軍となった。また、安政の大獄が始まるなど、政治的混乱も加速している。

鳥形の人魚アマビエ

現在、我々がよく見かけるアマビエを、もう一度見直してみよう。

髪は長く、身体に鱗があるところは人魚そのものだが、長いくちばしは鳥類のそれである。水木しげる氏は、手も描き添えているが、瓦版の絵には、それが見えない。他に注目すべき点は、鰭《ひれ》に似た三本の足と、目の横に付いた耳と思われる突起物だ。

人魚の耳を魚の鰭に似せて表現するのは、ヨーロッパ・ゴシック様式の噴水彫刻にある水生の神、ポセイドンやトリトン像に時折見かけられる表現である。アマビエは、人魚の一変形と考えてよいだろう。

海中に住む鳥形の「妖怪」といえば、まず、ギリシャ神話の「セイレーン」を連想させる。音響信号《サイレン》の語源となったこの怪物は三姉妹で、初め美の女神ミューズと争い、海に落ちて人魚になったとされるが、初期に描かれた姿に魚の面影はない。古代ギリシャの水瓶《すいびょう》にある図柄などを見ると、彼女たちは女性の頭部に鳥の胴が付いている。

同神話によれば、ミューズに敗れたセイレーンは海の難所にひそみ、船が通りかかると、美しい歌声で誘う。乗組員は、歌声に惑わされて岩場に船を寄せ、難破して皆死んだという。この物語は後に、ゲルマン人にも取り入れられ、ライン川の岩場に川船を導き、死にいたらせるローレライの物語になっていく。

ホメロスの叙事詩『オデュッセイア』では、大胆にもセイレーンの歌声を聞こうとしたオデュッセイアは、船の帆柱に自身を縛りつけ、乗組員の耳の穴に蠟《ろう》を詰めて船を漕がせる。歌の誘惑に効果がないことを知ったセイレーンたちは絶望して、海中に飛び込み、上体は人、下半身は魚の人魚に変わったとある。

日本の怪談・奇譚《きたん》は、多くの場合、中国や東南アジアにその原形があるが、人魚について見てみると、なぜか水鳥に絡んだ話が見つからない。

ほとんどがジュゴンなどの水生獣か山椒魚《さんしょううお》をモデルにしたものばかりだ。

鳥のような、例えばくちばしを持った人魚というイメージは、中国や東アジアには存在しないようである。

強《し》いてくちばしに近い口を持った怪魚についての記述を探せばそれらしきものが、鎌倉時代に見つかる。『古今著聞集《ここんちょもんじゅう》』巻二十「魚蟲禽獣《ぎょちゅうきんじゅう》」部に、昔（崇徳《すとく》・近衛《このえ》天皇の御代、一一二三〜五四）前刑部少輔忠盛《さきのぎょうぶしょうゆうただもり》（平清盛の父）が伊勢国《いせのくに》（現・三重県）別保《べつほ》に下った時、漁師の網に巨大な魚が三匹かかった。魚の頭は人に似ており、歯は魚のように細かく、口は突き出て、顔は猿のようだ。人が近くに寄ると人間に似た声をあげて泣き、涙を流す不思議を見せた、と記されている。

また、くちばしはないものの、強いて考察すれば鳥と思えなくもない人魚の描写が、井

原西鶴《さいかく》『武道伝来記』に出てくる。宝治《ほうじ》元年（一二四七）、奥州津軽《おうしゅうつがる》（現・青森県）大浦《おおうら》へ上がった人魚は、

「頭に紅色の鶏冠《とさか》が付き、その声は雲雀笛《ひばり》を静かに鳴らした時と同じ」

と記されている。

こうしたセイレーン型（鳥とのミックス型人魚）のアマビエは、西欧より流入した文献からイメージを得た、かなり特殊なケースではなかったか、と筆者は愚考をする。

幕末に限らず、日本人はすでに、享保《きょうほう》の頃（一七一六〜一七三六）から「和蘭陀《おらんだ》渡り」と称するエッチング画を多く模倣していた。

享保五年（一七二〇）、キリスト教以外の洋書輸入が一部解禁されると、J・ヨンストンの『自然史』の訳本を始め、『四十二国人物図説』『東海諸島産物志』などが人気を集めた。地動説を日本に広めた洋画家の司馬江漢《しばこうかん》も、輸入画を木版に引き写し、他の日本人絵師へ多くの影響を与えている。

こうした動きは時代が下るにつれて、遠近法を用いたカラクリ絵や妖怪画として続いていった。

霊薬とされる六物について解説した『六物新志』の人魚の図は、絵師の司馬江漢が『東海諸島産物志』（ハレンティン著）より写したもの。（国立国会図書館デジタルコレクション）

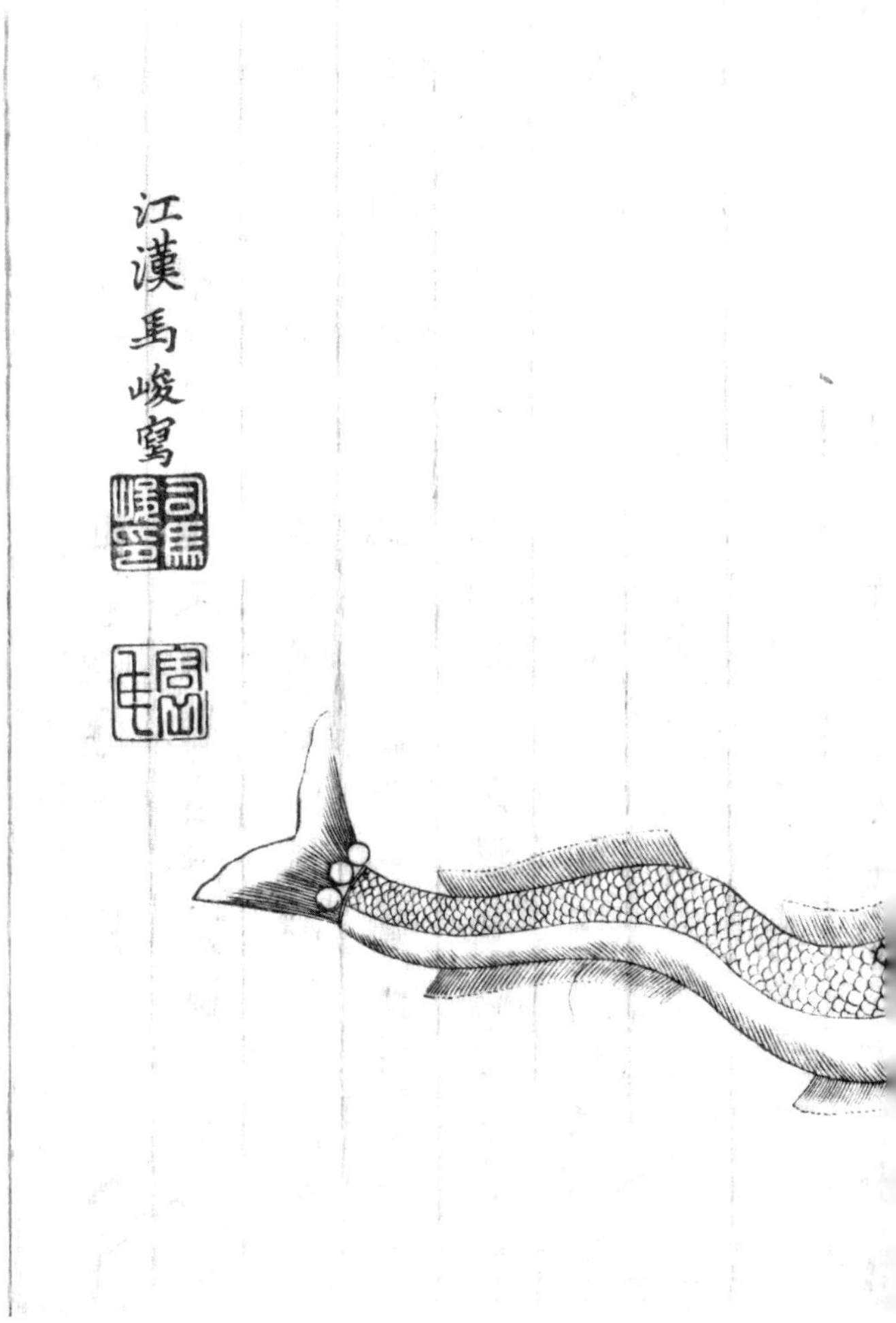
江漢馬峻寫

この西欧模倣画の中でも、とくに傑作とされるのが、歌川国芳《くによし》が描いた『相馬《そうま》の古《こ》内裏《だいり》』だろうか。

非業の死を遂げた平将門《たいらのまさかど》の息女・滝夜叉《たきやしゃ》姫と大宅太郎光國《おおやたろうみつくに》の戦いを描く三枚組の浮世絵の二枚までを占める巨大な骸骨《がいこつ》。後に「がしゃドクロ」と名づけられ、現代の妖怪ファンにもお馴染みのそれは、舶来医学の人体図から引き写されたものという。

なお国芳は西洋画に強い興味を示しており、ある人が国芳の暮らす玄冶店《げんやだな》（現・東京都中央区日本橋人形町三丁目のあたり）を訪れた時、国芳が手箱の中から西洋画を数百枚も出してきて、その中には西洋の絵入り

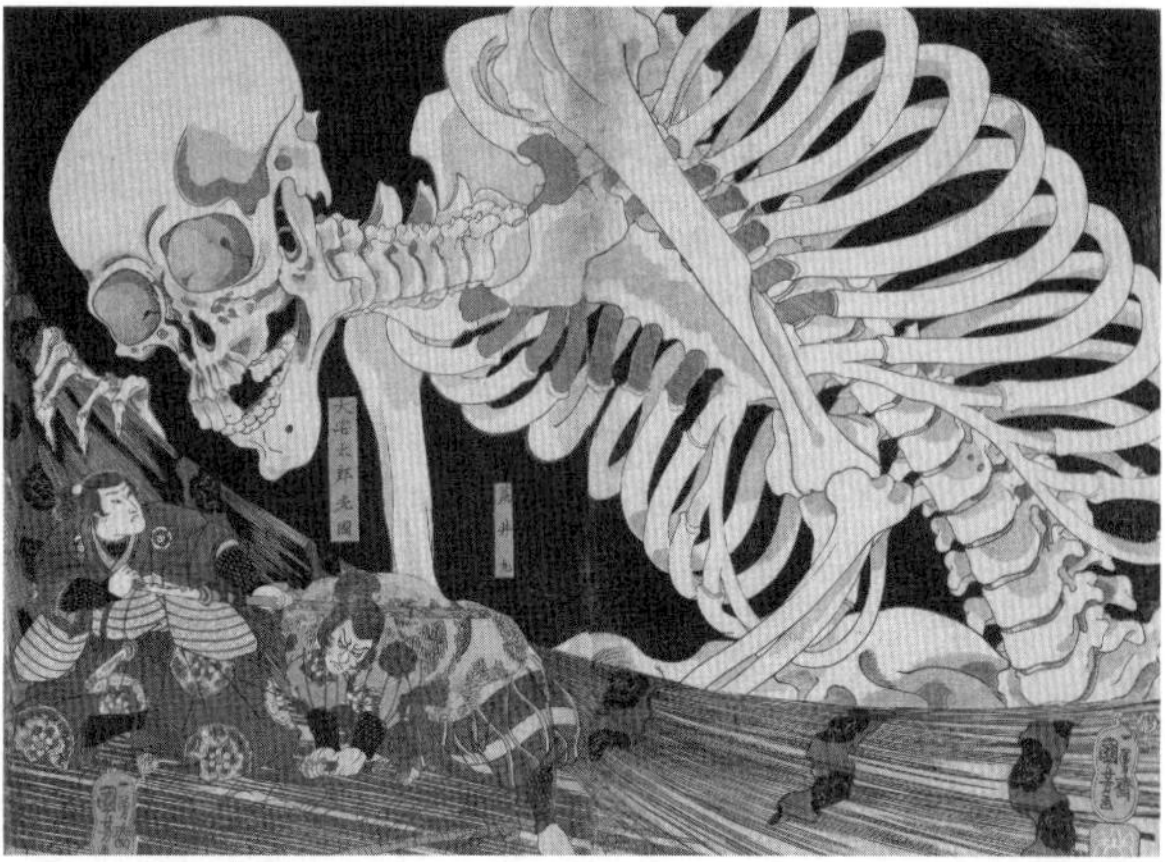

歌川国芳『相馬の古内裏』より「がしゃドクロ」部分。（山口県立萩美術館・浦上記念館所蔵）

新聞もあったという。そして「西洋画は、真の絵なり。これに常に倣おうとするがなかなか出来ない」と語ったという。

市井の人であっても国芳ほどの絵師になると、ギリシャ神話の言い伝えなども心得ていたであろう。ならば幕末のヘタウマ絵師が、「セイレーン」のイメージでアマビエを描いたとしても何の不思議もないのだ。

「私を見て、描いて」

次にアマビエの絵に添えられた文章について、考えてみよう。

「肥後国海中に毎夜光物……」

という形態の表現は、文化二年（一八〇五）五月の赤痢大流行まで遡るようだ。

当時の随筆集『我衣《わがころも》』（加藤曳尾庵《えびあん》著）巻の十四に、

「当四月十八日、九州肥前国《ひぜんのくに》去る浜辺へ（異形の魚）上りしを、漁師八兵衛《はちべえ》と云う者見つけたり。其時此《この》魚の曰《いわく》。『我は龍宮よりの御使者神社姫という物也。当年より七ヶ年豊作也。此節（同時に）又コロリという病流行す。我が姿を画（絵）に写して（広く）見せしむべし。其病をまぬかれ、長寿ならしむと云々《うんぬん》』」

六ヶ年が七ヶ年になっているなど、その文言には微妙な差があるが、話の大筋は弘化三年のアマビエの添え書きにそっくりだ。

この肥前国（現・佐賀県と長崎県の一部）出現の「神社姫」は、近年の研究によって、同年、越中国《えっちゅうのくに》（現・富山県）放生津《ほうじょうづ》（放生渕）に出現して退治された悪魚伝説の模倣とされている。

江戸時代のコピーライターとも言われる好事家《こうずか》の石塚豊芥子《ほうかいし》の記した『街談文々集要《がいだんぶんぶんしゅうよう》』の文化二年の章にも、一日に二度三度と出現しては同地の漁師を悩ませた悪魚を鉄砲で撃ちとった記述がある。それは巨大なもので、「惣丈《そうたけ》三丈《じょう》五尺《しゃく》（約十メートル）、顔三尺（約九十センチ）髪一丈四尺（約四・二メートル）、脇の鰭六尺（約一・八メートル）」

外観の形状はと言えば、

『街談文々集要』に載る「人魚」図。（国立公文書館蔵）

「背は薄赤く、腹は火の如《ごと》く（紅い）。面は般若《はんにゃ》面の如く、鰭に唐草の如き紋様あり。横腹左右にも眼三つずつあり」

という。

豊芥子は「或人のもとより写したる（悪魚図）を模写」し、この折、街にも図とほぼ同じ絵姿を彩色摺にして売り歩いた者がいた、と記している。

この豊芥子は物好きにも、加州候屋敷（越中富山領主屋敷）の動静も窺《うかが》っているが、これほどの怪物騒ぎが起こっているにもかかわらず「（藩邸からは）一向沙汰《さた》もなく、甚《はなは》だ虚説（嘘）なるよしと云々。此後、神蛇姫と云あり。是等《これら》の焼直しなるべし」

呆れたように文を結んでいる。

豊芥子が文中で触れた「街を売行」した者の彩色摺とされる絵図は「人魚図」（早稲田大学演劇博物館所蔵）として現存する。

これは以前から多くの妖怪をテーマにした本に掲載され、マニアならよく知っている瓦版だ。越中国放生渕四方浦《よものうら》で漁民を悩ませた末に鉄砲四百五十丁で射たれた「一名海雷《かいらい》」なる人魚という触れ込みだが、その頭には二本の角があり表情も能の般若面そっくりだ。全

「人魚図」。越中富山湾で捕獲された人魚。鱗の間から3つの目が覗いている。(早稲田大学演劇博物館所蔵)

尾《お》ハ鯉《こい》のごとし
此魚《このうを》を一度《ひとたび》見《み》る人ハ
寿命《じゆめう》長久《ちやうきう》し
文化二丑五月

長三丈（約九メートル）、胴に眼があるところなども一緒である。胴体には利剣を帯びている。

さらに注目すべきは、文中の後半に、

「此魚《うお》を一度《ひとたび》見る人ハ、寿命長久し、悪事災難をのがれ、一生仕合《しあわせ》よく福徳 幸《さいわい》を得るとなり」

と書かれている点である。

こうした奇譚の文献研究に詳しい研究家・湯本豪一《こういち》氏は、この人魚の胴体に眼が付くことから霊獣白澤《はくたく》（八十八頁参照）との関連を指摘している。さらに国立歴史民俗博物館の常《つね》光徹《みつとおる》氏は、人魚出現のショックに、素早く動いた摺絵販売業者が、「寿命長久と災難除けの意味を付加して人びとの願望と不安の除去を打ち出した背後」に注目し、絵の売り上げを一層大きくするために講じたしたたかな意図を読み取っている（『妖怪の通り道 俗信の想像力』吉川弘文館）。

どうやら、アマビエの起源はこの文化二年（一八〇五）の赤痢流行時に出た「神社姫（悪魚）」にあるようだ。

こうして己を見せることにより予言と除災を述べる妖怪は、それ以前、漢学の予備知識として既に存在していた「神獣」の焼き直しであることは当時の知識人も指摘している。しかし、時代が下るにつれてそれらの絵姿は進化し、添え書きも凝った内容に変化していく。文化二年の赤痢流行の記憶がようやく人々の脳裏から拭《ぬぐ》いさられようとしていた文政二年（一八一九）夏、またぞろ赤痢が流行り始めた。

この時に売り出されたという手の込んだ彩色画が千葉県佐倉の歴史民俗博物館に収蔵されている。これも頭に角を持つ般若面で魚体の人魚だ。詞書《ことばがき》に、

「此度《このたび》肥前国平戸《ひらど》において、沖にうきあがる姫魚《ひめうお》。龍宮よりの御使いなり。この魚、ものを云う。七ヶ年の間、豊作なり。其印には北斗星の片傍に箒星《ほうきぼし》出る。しかしコロリと云病はやり人多く死す。我姿を絵に書き、ひとたび見れば、此病を逃るべし。と云て直に海中へ沈みにけり」

絵の年号は文政二年卯之月十五日出る、とあり、姫魚の外観についても、

「魚金色也。長さ一丈三尺、髪長一丈斗《ばかり》、背に宝珠《ほうじゅ》の玉三つ有り」

と記されている。

なお、右の説明文からは抜け落ちているが、姫魚の口には縁起物の南天だろうか、赤い実を付けた小枝がある。従来の神社姫の胴にあった利剣が三本も尾に付き、有り難みが増

している。

江戸研究には避けて通れぬ資料『武江年表《ぶこう》』（斎藤月岑《げっしん》著）文政二年夏の記載には、「（赤痢を除ける）守り也とて、（狩野《かのう》）探幽《たんゆう》が戯画百鬼夜行の内ぬれ女の図を写し、神社姫と号して流布《るふ》せしを、尊ぶものもありしなり」

との記述が見える。

ぬれ女は、顔は若い女性で長い髪を有し、胴は蛇体。尾の長さは三町（約三百二十七メートル）もあり、越後《えちご》（現・新潟県）信濃川《しなの》では、川を行く若者の血を吸うと伝えられる。人魚とは形態が少々異なるようだが、これも水中にひそむ女性（だから濡れ女）ゆえ、人魚と同様に扱ったのだろう。

気になるのは姫魚が現れた地域である。これより少し前には日本海沿岸の「出現例」が多かったが、この頃になると、九州北西部、とくに平戸近辺が増えていく。同じ対馬《つしま》海流の通過点だが、そのあたりがなんとなく気になる。

昔から暖流に乗って、奇怪なものが海辺に打ち上がるという知識が、絵師たちの間に共有されていたのかもしれない。

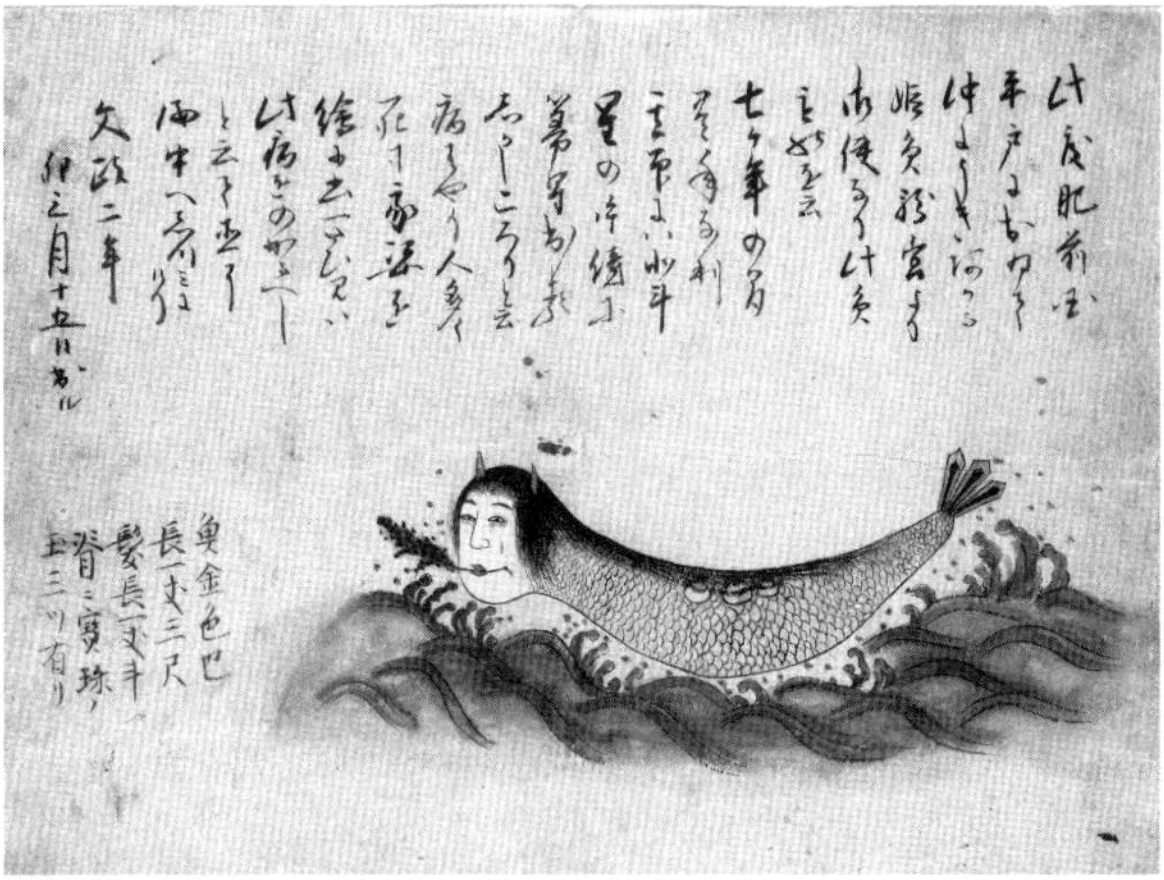

文政2年の瓦版の人魚は、口に南天をくわえている。(国立歴史民俗博物館所蔵)

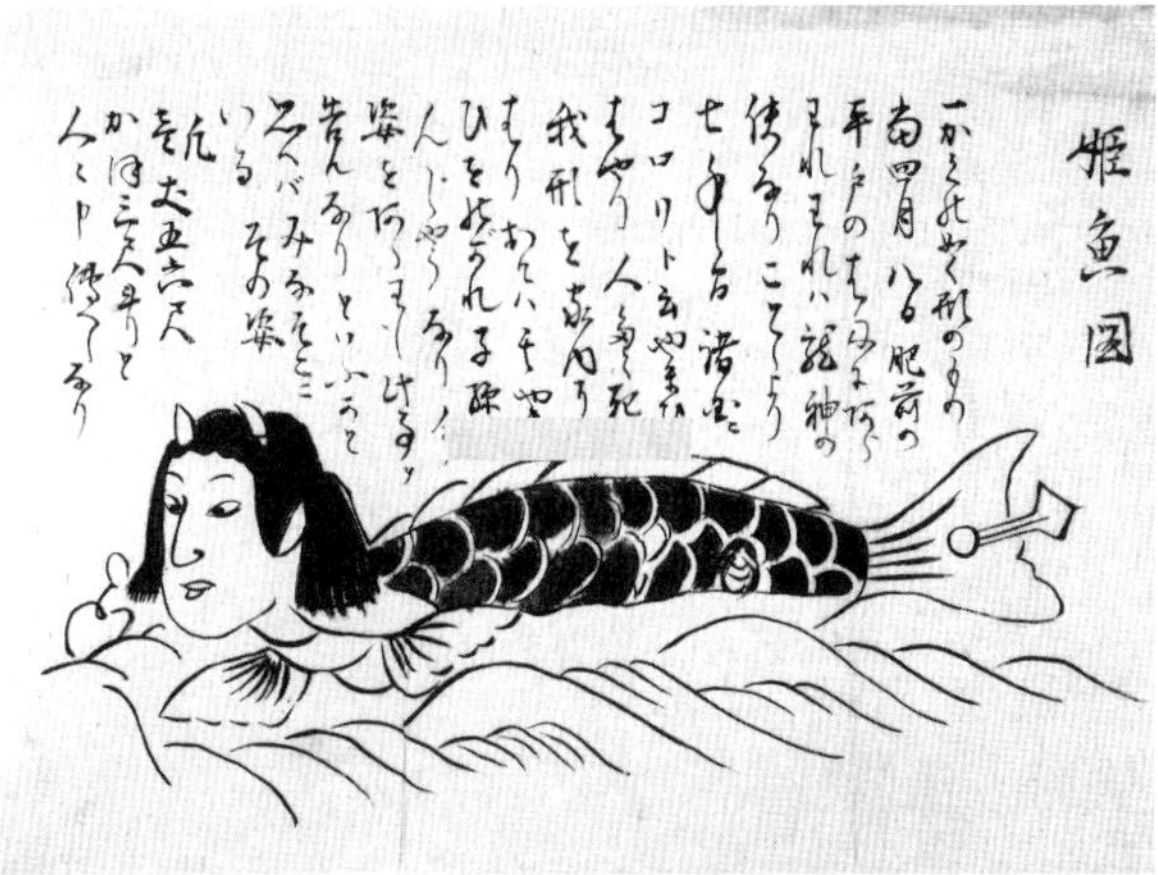

『以文会随筆』に描かれた「姫魚図」。(西尾市岩瀬文庫蔵)

愛知県西尾市の岩瀬文庫の「姫魚図」は、文政六年（一八二三）版の『以文会《いぶんかい》随筆』に収録されたものである。こちらの文面も紹介しておこう。

「かくの如く形のもの。当四月八日、肥前の平戸の浜にあらわれ、我は龍神の使いなり。今年より七年の間、諸国にコロリと云やまい流行り、人多く死す。我形を家内にはり置けば、其やまいを逃れ、子孫繁昌なり。今姿をあらわし此事を告げるなり、と言うかと思えばみなそこにいる。その姿、凡《おおよそ》一丈五六尺、顔三尺斗と（遭遇した）人々申伝えしなり」

この姫魚は自分の姿を住まいの内へ貼ることを積極的に求めている。

文末の少々難解な言い回し、「此事を……」の状は、告げるなりの前に入る「人々へ」という言葉が抜けているようだ。「なぜ私がこういう予言をしたかと問われれば、みなそこにいる（目撃者が皆そこに居る、と水底に居るの掛け言葉）からだよ」と言っているのであろう。水底は水の下という意味の他に、臣《おみ》・大海《おおみ》・魚《お》にかかる枕詞《まくらことば》とされる。万葉集巻の二十に「大き海の水底深く思いつつ」とある。なかなか洒落《しゃれ》のきいた台詞《せりふ》で、この部分は、町住まいの学者か僧侶といった知識人が絵図製作に一枚嚙んでいる気配がある。

この姫魚は巨大な姿だが、顔は可愛らしく描かれ、尾には一本の利剣が付き、宝珠も見える。神聖さに加え多少の愛嬌も出ていて、これならば購買者も喜んで家の中に貼るだろうと思われる。

謎の人「柴田」某

愛嬌のある姫魚・人魚の出現は、これ以後、瓦版の定番となる。薄気味悪い異形の図よりも同じ持つなら可愛い図の方がよいと思うのが人情だろう。お守りのキャラクター化である。絵師・摺物師も、このあたりを考えていたものか、次第に予言魚たちの姿をデフォルメさせていき、ついには姫魚・神社（神蛇）魚の名さえ廃《すた》れさせてしまった。

嘉永から安政（一八四八〜六〇）にかけて、江戸の錦絵文化は、ひとつの頂点に達し、「オモチャ絵」と呼ばれた立体切り抜き絵の立《た》て版子《ばんこ》、絵双六《えすごろく》、カルタが流行ったが中でも妖怪図はもてはやされた。

人に害を与えぬ人魚は、その中でも一種のアイドルと言ってよい立場と姿を得る。嘉永の頃に出た錦絵の『海出人之図』には長い髪で面長《おもなが》の美形。頭に角はなく上半身は裸体。下半身に鱗があるものの、その部分は巻き貝の中に収まり、波間に浮かんでいる。

その説明文は、

「此度越後国福島潟《ふくしまがた》と申所《もうすところ》にて、夜な夜な光ものありて、女の声にて人を呼びける。当年四月、武術修行の浪人柴田旦といへる者見届候処、我は海中に住む海出人也。今年より五ヶ年の間、豊年なれ共、当十二月風病流行。世間の人凡《およそ》六分通り死。さりながら我姿を見る者は此難余るべし。早々世情の人に伝え、我姿を写し、家中へ張り置き、朝夕眺むべし、と言うて消え失せけるとなり。清流亭記」

出現の仕方や予言の口上にさして目新しさはないが、奇妙に感じられるのは、それまで無名であった目撃者に突然、柴田旦（たん・あかつきとでも呼ぶのだろうか）という浪人者が登場する点である。

この錦絵は国立歴史民俗博物館収蔵品だが、同じコレクションに同様の別摺物が残っている。その添え文は、

「越後国福島名田吉と申処に夜毎に光り物出て……」

と、ほとんど清流亭版と内容には変わりないが、

「其所の士、芝田忠兵衛と申者、右の光り物見届け」

と目撃者の名が違っている。江戸末期の噂話や奇談を精力的に収集したことで知られる藤岡屋由蔵《よしぞう》の『藤岡屋日記』にも、右の二例より詳細な情報が記されている。さすがは江戸で一番の情報通、藤岡屋と感心するが、そこには柴田忠三郎という名が出てくる。

表題は、

「嘉永二酉《とり》年閏《うるう》四月中旬。越後福島潟人魚之事」

藤岡屋は予言するものを人魚と断定しているが、その本文は、

「越後国蒲原《かんばら》郡新発田《しばた》城下の脇に、福島潟という大沼これ有り。いつの頃よりか夜な夜な女の声にして人を呼びける処、誰か有りて是を見届ける者これ無し。然るに或夜、柴田忠三郎といえる侍、是を見届け、如何なるものぞと問い詰めけるに、あたりへ光明を放ちて、我は此水底に住む者也。当年より五ヶ年の間、何国ともなく（全国一律に）豊年也。但十一月頃より流行病にて、人六分通り死す。されども我形を見る者、または画を伝え見る者は、其憂いを免るべし。早々世上に告げ知らしむべしと言い捨てつつ、また水中に入りにけり」

と記されている。これには歌が添えられていた。

「人魚《ひとうお》を喰えば長寿を保つべし、見てさへ死する気遣いはなし」

このようなことが書かれた摺絵を同年六月頃、市中に売り歩く者がいた、と由蔵は付記している。

この柴田旦（忠三郎）とは一体何者なのだろうか。国立歴史民俗博物館収蔵の錦絵『海出人之図』に描かれた彼は、小袖を諸肌《もろはだ》脱ぎ。下には鎖帷子《くさりかたびら》。袴《はかま》の股立《ももだ》ちを取り、片手に松明《たいまつ》。腰の大刀を反らせたあたり、まるで歌舞伎の荒事《あらごと》に現れる豪傑そのものだ。対する海出人も左手を顎《あご》に当てて媚《こび》を含む態《てい》である。そう思って彼らの周囲を見れば、岸辺はただの平面。波にいたっては、歌舞伎の俊寛《しゅんかん》か大物浦《だいもつのうら》の舞台に用いる水色の布を波立たせたようで、リアリティに欠けている。

どうやらこれは江戸っ子好みの芝居絵と、厄除け絵を巧みに組み合わせた、いわゆる「御趣向《ごしゅこう》」（新企画）のようである。

柴田某はパターン化した豪傑の一人に過ぎず、正体を詮索《せんさく》するのは野暮というものなのかもしれない。この侍、柴田は人魚ばかりではなく、それが進化した後期の「あま彦」の摺物にも時折顔を覗《のぞ》かせる息の長い脇役だった。

『海出人之図』（国立歴史民俗博物館所蔵）には「武術修行の浪人柴田旦」と記されている。

明治十五年（一八八二）七月の東京コレラ流行の際、出回った「あま彦」図の中にも、「（肥後国熊本の）家中《かちゅう》柴田五郎右衛門と申す者見届候」とその名が見える。熊本領の御家中といえば、歴とした細川家の士分だ。明治に入るとこの人は、浪人身分を脱して、ずいぶん出世したようである。

さてあま彦が出たついでに、アマビエとあま彦の関係についても考察してみよう。

アマビエかアマビコか

アマビエがアマビコではないかと初期に指摘した一人が、湯本豪一氏である。明治期の怪奇話を当時の新しいメディア「新聞」の世界から紹介した画期的な書籍『明治妖怪新聞』（柏書房、一九九九）の中で湯本氏は、妖怪アマビエの正体と題してとくに一章を設けている。

「『アマビエ』情報は書き写されて江戸に報告されていたことが瓦版に記されているが、これがすべての原因であろう。すなわち、最初は『アマビコ（天彦、あま彦）』と書かれていたものの、『天彦』『あま彦』の存在を知らない者がその情報を書き写すときに『コ』を似通った字の『エ』と転写してしまい、さらに原本が失われたことによってこの情報だけが後世まで残った」

アマビエと称する妖怪は初めから存在せず、以後はアマビエの呼称を避けるべきなのではないか、と湯本氏は強く主張している。

――こう書いていくと、氏がかなり狷介《けんかい》な人物であるかのようなイメージを抱かれる向きもあろうかと思う。しかし、筆者がお会いした氏は洒脱《しゃだつ》で毒気のない、妖怪民俗学の大好きな研究家であることをここに証言しておきたい――。

では、アマビコ（天彦）とはどのようなものなのか。

「昨今、市中の絵草紙《えぞうし》屋にてコレラ病除けの守りなりとて、三本足の猿の像や、または老人の面《かお》に鳥の足の付いた得体の分からぬ絵などを発売……」

これは明治十五年（一八八二）の疫病流行に乗じて、デマの元となる摺物などを発禁にしたという報道（同年八月三十日付読売新聞）の一部である。

どうやら天彦は、人魚型の予言獣に比べて、ずいぶんグロテスクなものだったようだ。

これも時代を遡って記録を探すと、前記の越中国放条津の悪魚退治について触れた『街談文々集要』文化十一年（一八一四）「再正月流言」の項に載っている。

この年四月より、世の人の七割が死亡する。それを逃れるために、同年の五月一日を元旦として祝え、という流言が広まった。嫌な年は早く送ってしまおうという風習（取越正月）だが、『街談文々集要』の筆者石塚豊芥子は、この予言が或る夜、武州川越《ぶしゅうかわごえ》（現・埼玉県川越市）の近在にある庚申塚《こうしんづか》の森に集ったもの言う三疋《びき》の猿が伝えたとしている。

「（近江《おうみ》）坂本日吉神宮の神猿申しけるは、当年は天下豊年なりと云。また壱疋の猿言うには、然共、人々の死亡多からんと云々。また壱疋の申すには、今年も明け新年と改め候わば、宜しからんと申す。故に五月朔日《ついたち》を元旦といたし、右の病難をよけ候と云々」

と書き、この噂に続けて、

「右、猿のもの言いたる事を、明言神猿記と題して、半紙二枚につづりて、町中売り歩きしなり」

と書き留めている。

賢明な読者諸氏は、もうお分かりだろう。この三疋の猿から一頭三足の不気味なあま彦が考え出されたのである。

肥後国熊本の海に出た光物は猿の頭に三本足の異形だった。『猿のかたちの光物』。(国立歴史民俗博物館所蔵)

この三足の猿型予言獣は水生獣の形をしていないにもかかわらず、多くは海中から出現するのだが、当時の人々にその不自然さを指摘する者はいなかったようだ。それどころか人魚型より息が長く、明治の中頃まで広範囲に摺物として売りさばかれていた形跡がある。

前にも記した通り、コレラの流行は、江戸が終わり明治の世になっても一向に収まる気配がなかった。明治十二年（一八七九）、十五年（一八八二）、十九年（一八八六）と立て続けに起きて、人々を悩ませた。

「あま彦」の描き手は、その度ごとに手を替え品を替え、時には古い版木をどこからか見つけ出してきては、販売物のバリエーションを増やしていった。その中のひとつが、現在我々が知る鳥頭魚体の「アマビエ」なのである。

疫病除け絵の弾圧と復活

明治初年の頃から「因習打破」「淫祠邪教《いんしじゃきょう》の廃止」を掲げていた明治政府は、疫病除けの図像販売を少しずつ取り締まる方針を打ち出していった。

明治八年（一八七五）になると、各地で反政府的な掲載記事を取り締まる新聞紙条例法が発布される。この法令の拡大解釈によって摺絵業者も検束の対象とされ、呪い絵・病除けの御札売りは、その販売方法を変えていかざるを得なくなった。

明治八年八月十四日付の『東京日日新聞』には、同月五日に越後湯沢を通過する旅人が、家ごとに奇妙な絵図が貼り付けられていることを不審に思い、

「あまり見慣れぬことゆえ、処（地元）の者に問いたるに、是は天日子尊《あまびこさま》のお姿なりと云う。猶その訳を聞くに、三十日ほど前に此辺の田の中にて人を呼ぶ者あり。是を見れば異形にして恐るべきが如くなれば、誰も側《そば》へ依る者もなかりしに、ある士体の人此処へ通りかかりて彼の声に応じ、側《そば》へ立ち寄りたるに、彼の異形の者曰く、『我は天日子《あまひこの》尊《みこと》なり。今此処に出現したる次第は、当村において是より七ヶ年の間凶作うち続き、人口追い追いに減じて今の半分に至らんとす。予これを憐みて諸人に告げ知らせ、我

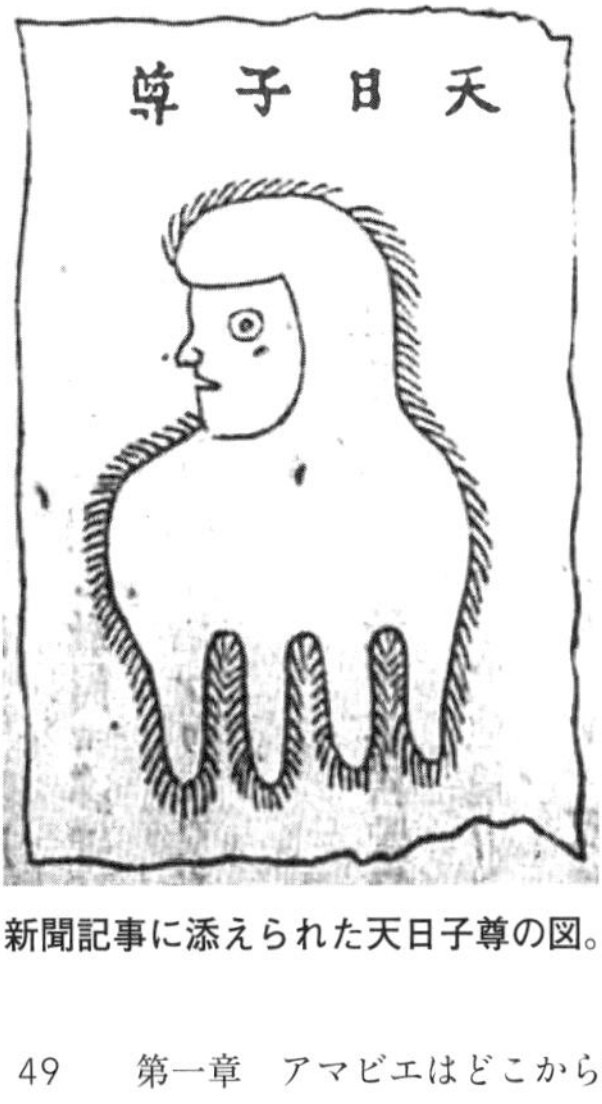

新聞記事に添えられた天日子尊の図。

がこの影像を写して家ごとに貼り置き、朝夕我を敬い尊みて祭るべし。左様《そう》すれば、七年の災難を免るる事あるべし』と宣《のたま》いしに依って、此図を軒別《けんべつ》に貼り付けます、と（村人は）語れりとぞ」

旅人は「山中の愚民」とは言いながら、あまりの馬鹿馬鹿しさに新聞社へ報告したというが、また怪し気な祈禱絵の販売者が、こんな僻地《へきち》にまで手を伸ばしていることに驚いている。

江戸末期、半ば野放しに近かった絵図売りたちは、明治政府の強権ぶりに辟易《へきえき》して、取り締まりの緩い地方をターゲットにし始めたのではなかろうか。

しかし、明治九年（一八七六）、新聞紙条例が改正・強化。各地に士族反乱が相次ぎ世情が騒しくなると、そんな絵図売りたちも地下に潜ってしまう。

同年八月に「虎列刺《コレラ》病予防法心得」も交付され、戦時を想定した防疫法の整備が進められるや、病除けの絵の頒布《はんぷ》は、「愚人を惑し甚だ予防の妨げ」になるものとして、正面から取り締まりの対象となったのである。

絵図売りたちがわずかに息を吹き返したのは、その五年後のことである。

前年の明治十四年（一八八二）に、自由党が結成され、九年後に国会開設されるべしという詔《みことのり》が発せられている。政府は西南戦争の戦後処理に追われ、些末《さまつ》なことに関わっている余裕もなかった。

そんな頃、再びコレラ禍の予兆が見受けられたのである。

したたかな絵図売りたちは、これが最後の稼ぎ時、と暗躍し始める。まるで戦国乱世の立身出世に取り残された浪人たちが、大坂の陣に小躍りして参加したような塩梅《あんばい》である。

明治十四年十月二十日の『東京曙新聞』には、「天彦図」を大量販売しようとした男たちの動きを伝える記事が載っている。

東京近郊葛西金町《かさいかなまち》といえば江戸時代、赤色の幟《のぼり》を立てた行者《ぎょうじゃ》が、

「葛西金町半田《はんだ》の稲荷《いなり》、疱瘡も軽いな、はしかも軽いな」

と歌って御札を売った半田稲荷のあるところとして知られているが、この土地の豪農板倉某の住まいに、三人の男が現れて、今から三十年あまりは世界消滅する期にあたり天災が続く。そこで天彦の姿を写したものを頒布したいと、地域住民の一括販売を持ちかけてきた。

まるで現代のマルチ商法だ。売り文句も世界消滅などとスケールが大きくなっている。二十世紀の終盤にカルトが用いた「世界崩壊」や「ノストラダムス」のような、人心掌握《じんしんしょうあく》術の原始的な姿が、すでにこのあたりにも垣間見ることができる。

明治政府の弾圧を掻い潜っていくうちに、病除けの護符売りというわずかな良心さえ失ったこの男たちは、近代という流れに揉まれ、何時しか立派な詐欺師に成り果ててしまったのだろう。

あの手この手

東京の本所外手町《ほんじょそとでちょう》（現・東京都墨田区本所）四十二番地に住む伊澤まさという女性の行動もすさまじい。

「御苦労にも三四日後（前）より町内はいうに及ばず、隣町までを走り廻り、軒別に虎列刺除《よけ》を差し上げますと配り歩きし半紙四切ほどの摺物を見ると、下には猿に似たる三本足の怪獣を描き、その上に平仮名をもって……」

よくあるあま彦の図と、これもよくある文面、「肥後国熊本御領分……光り物夜な〳〵

出て……」が彼女の配布物に記してあったという。

『郵便報知』の記者は、江戸で悪疫が流行った頃、こうした絵図が声高に市街地で売られていたことを覚えていた。また摺物の文面が一字も相違ないことに注目して、

「この婆さんが古巾着《ふるきんちゃく》の中から見付け出せしまま人助けとか、後世の功徳《くどく》のためとかいう量見《りょうけん》にて其儘《そのまま》を翻刻《ほんこく》して配りしものならんが、今時は此様な事にて安心する人はござらぬ」（明治十五年七月十日付記事）

と、いかにも当時のインテリらしく「開化せぬ人」を嘲笑する言葉で締めくくっている。

筆者もこれに全く同意見だが、少し引っかかるところもある。「この婆さんが古巾着の中から見付け出」し人助けや功徳のために翻刻して配ったというが、老いた女性がたった一人で自宅の近辺から隣町まで三、四日かけて絵図を配りまくるというのは、妙な話なのだ。

東京府下の東外れ、当時は田畑もあったというが、本所あたりは結構家が立て込んでいる。たとえ半紙四切サイズの紙片でも、相当な分量を持ち運ばねばならない。

また、その虎列刺除は摺物だったというが、そもそも摺物は単色摺りの簡単なものでも、

素人《しろうと》には手に余る。ひとつ考えられるのは、まささんが本所あたりに住む彫師などに依頼する手だが、板木の手配やら摺り料やら複雑な工程を彼女はクリアしなければならないのだ。

一介の単身女性が行った行為としては、少々無理がある。これはやはり背後に組織的な人々がいた、と見るべきだろう。

江戸時代末期、御札配りという稼ぎがあった。願人《がんにん》坊主や「わいわい天狗」といった下級の宗教家が、子供たちを集めて護符を撒《ま》いたり、戸口へ投げ込んだりしていく。しばし時を置いて彼らは家々を訪ねる。護符を大事にしている家人を見つけては、喜捨を請う、というやり方だ。そうした護符の版木使用には鑑札が必要で、特定の寺社が売り上げの数パーセントを得ていた。

わいわい天狗（天王とも）。（国立国会図書館デジタルコレクション）

本所外手町四十二番地の後家さんも、手伝い人を何人か集めて「あま彦」図を摺って撒き、後で殊勝気に喜捨を請うて歩いたのだろう。

これならば街角での呼び売りと異なり、政府の防疫法にある呪物の販売禁止にぎりぎり抵触しない（かもしれない）のである。


ここでまたアマビエに話を戻そう。

令和二年夏、ＮＨＫのバラエティ番組で「アマビエはアマビコの間違い」などと解説していたが、アマビエとアマビコは発生からして別の妖怪なのである。前述の通り、アマビエは人魚型、アマビコは猿型である。

アマビエは、愛らしい単純な形状ゆえか、現在、人々から強く支持され、世間を一人歩き（いや一人泳ぎか）し始めている。

イベントのマスコットとなり、和菓子になり、ぬいぐるみや置物になっている。彼女（彼？）は大衆文化の中では勝者なのだ。

振り返って「アマビコ」「天彦」「尼彦」「天日子尊」らを支持する者はと見れば、今や完全に少数派である。

その原因は、彼らがもともと持っているグロテスクで複雑な容姿にあるといえよう。たとえば、人魚型のアマビエならキーホルダーとしても不自然さは感じられないが、猿の頭部に三脚のような形では身につける時、躊躇《ちゅうちょ》してしまう。

しかし、油断ならないのが大衆文化である。いつ人気の逆転が起こるか分からない。なにしろこうした「予言獣」たちは、疫病蔓延という非常時限定のアイドルなのだから。

江戸時代『連城亭随筆』に描かれた「あま彦」の図。(国立国会図書館蔵)

第二章　予言する不思議な動物たち

よって“件”の如し

牛の胴に人の頭が付いた妖獣が存在する。

それが、「件《くだん》」である。これもアマビエと並び、予言獣の一方の雄として、妖怪マニアには御馴染みの存在だ。

古文書には、本文の後に「右の通りである」といった意味で「……よって件の如《ごと》し」と結ばれることが多いが、これこそ「件の語るように正確な文面を保証する」という表現なのだという。

庶民の前に件が現れた最古の記録例は、江戸後期である。

文政《ぶんせい》十年（一八二七）越中国《えっちゅうのくに》（現・富山県）の霊山立山《たてやま》の山中で山菜を採る男が、顔は老人、下は牛の形をした「人面獣」に出会った。この妖獣は「くだべ」と自ら名乗り、

「これより世間に疫病が蔓延するが、心配はいらぬ。私の姿を描いた絵図を見れば災厄を逃れられるであろう」

と言う。山菜採りが試みに絵姿を売ったところ、文政五年（一八二二）のコレラ騒ぎの記憶が生々しい頃であったので周辺の評判となり、その絵姿はたちまち売り切れたという。

『奇態流行史』から「くだべ」。

「俻郷（くたべ）」の図。背中に眼があるところも白澤に似ている。（大阪府立中之島図書館蔵）

「くだべ」は件が訛《なま》ったものだろう。当時、人面獣として知られていたのは、薬屋の看板にもなっていた中国渡来の霊獣・白澤《はくたく》（八十八頁参照）である。立山の山菜採りとは、薬草取りに違いない。江戸時代、「越中富山の薬売り」として、富山藩の薬行商人は全国的に知られていた。彼らは当然、漢方薬の流れをくむ中国の神仙伝承も心得ていたはずだ。

　彼らが白澤の予言伝承を流用し、くだべの噂《うわさ》を流してひと儲け企んだ、という想像ができる。が、この霊獣模倣型の予言獣は、なぜか時代が下るにつれて、おどろおどろしいイメージに変化していく。

　天保《てんぽう》七年（一八三六）申《さる》の年に出た瓦版、題して『大豊作を志《し》らす件と云う獣《けだもの》なり』には、丹波国《たんばのくに》（現・京都府）の倉橋山の山中に出た人語を解する件が、「昔、江戸中期の宝永《ほうえい》二年（一七〇五）十二月にも出現すると、翌年から豊作つづき。その絵図を貼れば家内繁昌……」というような説明がついている。

約三十年後、慶応三年（一八六七）の瓦版には、「夫《それ》、この件という獣は、古《いにしえ》よりあるという説あり。先にも文政年間に此獣出《いづ》る。その時年中の吉凶を諸人《しょにん》に知らしめ、我姿を家の内に貼り置くときは、厄難疫難を除くというて、三日にして死せしという」（『件獣之写真』）という説が記されている。

悪疫流行の予言と、災難除けに自分の姿を描けと言葉をかけて去るあたりは、人魚やアマビエによく似ている。しかし、彼女（ら？）が闇に現れ水中に消えるのみであるのに対し、件は白日のもとに出現し、数日も経ずして、確実に死んでしまう。まるで己《おのれ》が、その災難に会う人の肩代わりであるかのような死に様を見せるのだ。

また、その出現場所は、主に西日本一帯に広く散らばっていて、人魚やアマビエのように特定の地域へ集中していない。

ごく普通の農家の牛小屋で、なんの変哲もない母牛から、突如生まれ出るのだ。

『大豊作を志らす件と云う獣なり』。(徳川林政史研究所蔵)

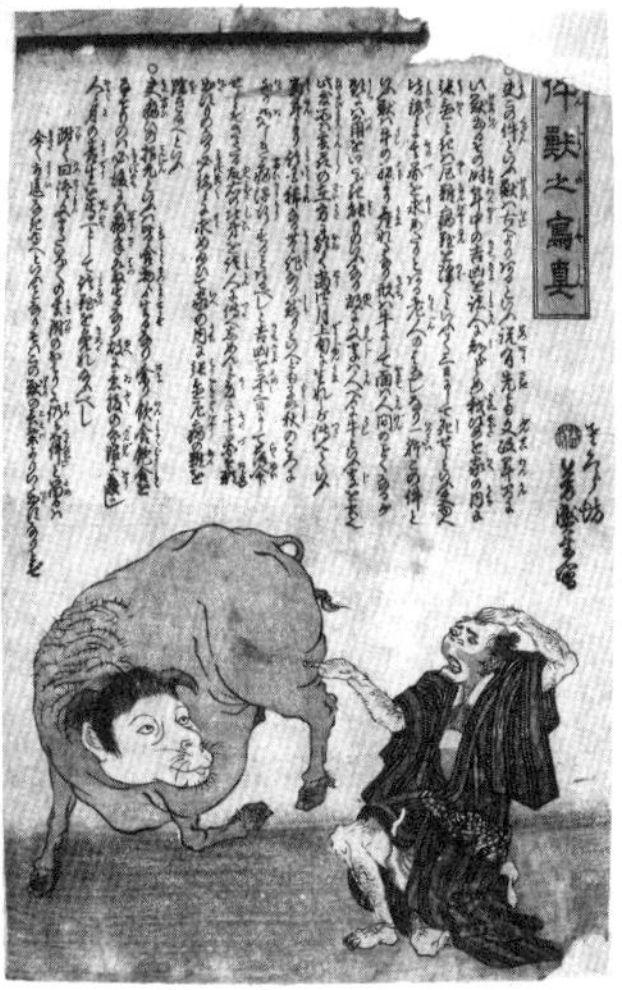

慶応3年の瓦版『件獣之写真』。(湯本豪一記念日本妖怪博物館三次もののけミュージアム蔵)件という名前は、「人」偏に「牛」で文字通り、人の顔に牛の身体という見た目から付けられたとも。

恐い話を言うだけ言っておいて即座に死んでしまうというのも少々無責任な予言獣だが、どこに生まれて来るのか全く予想がつかないのも、貴重な家畜を飼っている農家にとって、戦々恐々、迷惑千万な話ではある。

アマビコから件へ

妖怪史研究家の湯本氏の調査では、アマビコ・あま彦の出現の噂は、明治十五年（一八八二）頃を境として急速に消えていき、逆に件の方は、彼らに成り代わったようにその存在を強めていくという。

明治二十五年（一八九二）、小泉八雲《やくも》（ラフカディオ・ハーン）が、山陰各地を旅していた時、件の剥製《はくせい》を所持した旅巡りの一座が、島根の美保関《みほのせき》の港で神の怒りに触れ、嵐に遭遇したと聞き、これを『日本瞥見記《べっけんき》』に書き残している。

その十七年後の明治四十二年（一九〇九）六月二十一日号の「名古屋新聞」には、件の剥製写真が掲載された。添えられた記事には、

「人面獣心ということはあるが、これは人面牛体だ。今より十年前肥前国五島の奥島の或

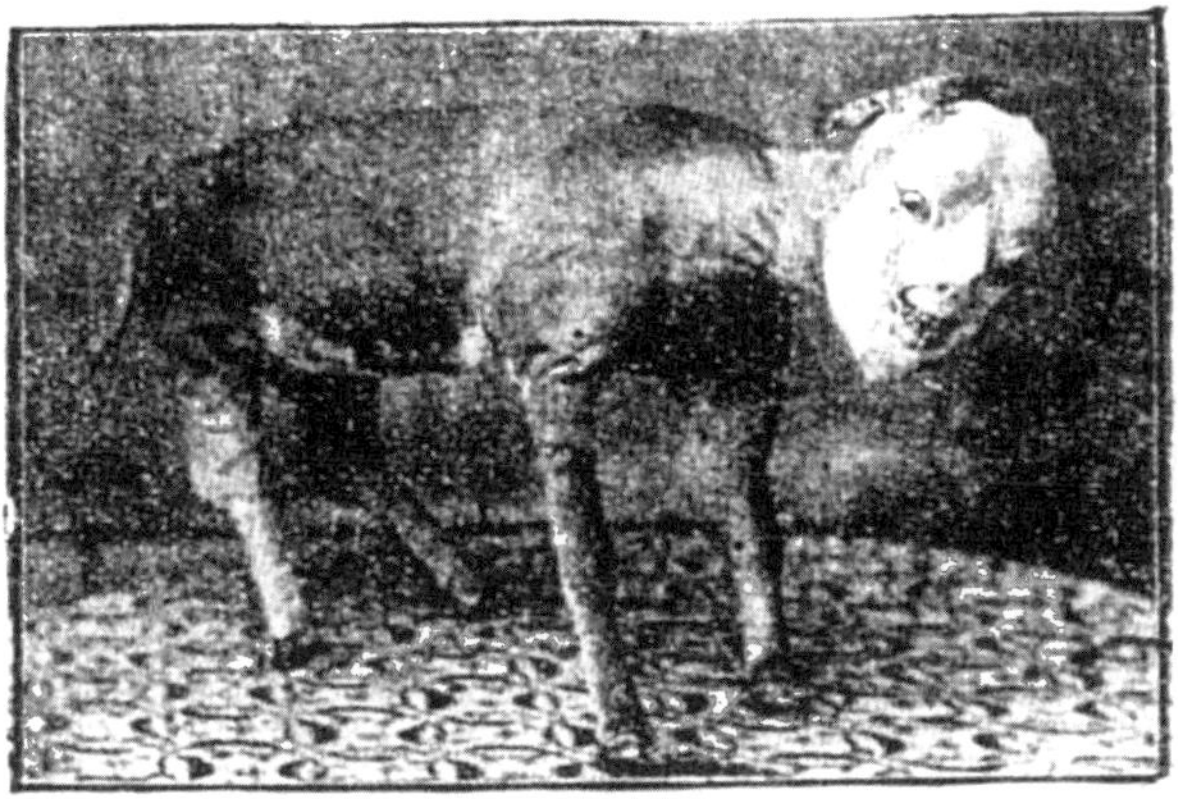

「名古屋新聞」所載の「件」の写真。

る百姓家の飼牛が産んだもので、今は剝製になって長崎市の八尋《やひろ》博物館に陳列されている。何でも生後三十一日目に『明治三十七年には日本は露西亜《ろしや》と戦争《いくさ》をする』と云うて死んだのだそうな。件だけに予言が的中している。それで本当に依って件の如しだ」

と書かれている。湯本氏もこれに触れて、

「古い資料のうえ（写真の）状態も悪いが、確かに人面の子牛らしきものが写っている。なんとも信じがたい話であるが、とにかくこのような剝製が『あった』ことは事実といえよう」（『明治妖怪新聞』）と述べている。また、

「ちなみに、件の剝製が展示されていた八尋博物館は現在の長崎市籠町付近にあった私設博物

館である。各種の剥製などを展示していたが、大正末か昭和初期に閉鎖され、展示物も散逸してしまっているようで、写真に撮られた件にも今ではお目にかかれないのが残念である」とも述べている。

しかし、これによく似た剥製が、近年（二〇〇四年八月十九日）群馬県沼田市の民家の蔵から発見されている。長期間人目に触れず保存されていたせいか状態は良く、同時に見世物の興行に用いられた桐箱入りのスライド画像五十三枚も見つかったという。

同じ剥製は発見から十年後の二〇一四年十月二十四日、大阪にて「妖怪幻獣百物語」と銘打った展示会で一般公開されている。その頃、東京の某テレビ局で怪奇特番が組まれ、この剥製もスタジオに運び込まれて、調査が行われた。

筆者も当時、その番組を興味深く視聴した一人だが、この時現所有者の木原浩勝《ひろかつ》氏は、「剥製には細い毛があり、加工も少ないところから、本物の牛の奇形ではないか」といった意味の発言をしていた。確かに剥製の表面には幼牛の和毛《にこげ》（柔らかい毛）と思われるものがわずかだが残り、画面でもはっきりとそれは確認できた。

研究者の説によれば、この表面の毛が抜け落ちているのは、経年劣化もさることながら、大勢の人々が撫《な》でさすった跡ではないか、という。どうやら、在りし日の件の見世物は、現代の我々が想像するような、おどろおどろしい怪異の鑑賞だけに止まっていなかったようだ。

見物人の中には、「くだんさま」の剝製を撫でさすり、ご利益を得ようとした人々も多くいたのである。つまり、興行主は時に予言獣――縁起物のありがたみを強調する展示法を行っていたようである。

手を替え品を替え、件の剝製は各地を巡回し、件の伝説を息の長いものにしていった。件が人魚やアマビエよりも高い知名度を得たのは、こうした「努力」の結果と思われる。小泉八雲が書き残した美保関の噂話は、そんな業者の広範囲の活動に遭遇した人の、極めて貴重な記録なのである。

疫病から戦争へ

前記「名古屋新聞」明治四十二年六月二十一日の記事に、もう一度注目してみたい。

「……何でも生後三十一日目に『明治三十七年には日本は露西亜と戦争をする』と云うて

死んだのだそうな」

という部分である。一般に件は、三日ほどの短命という。しかしながら、この肥前国五島の件は一ヶ月という長命を保ち、しかも日露戦争を予言している。

それまで疫病や天災について発言していた件が、ついに政治的悪疫であるところの「戦争」に言及し始めたのだ。

明治中期に入ると、それまで対岸の火事と眺めていた戦争が、次第に庶民の暮らしをも脅かすようになっていった。軍費調達を目的とした増税、特定商品の専売化による生活の逼迫《ひっぱく》。一家の働き手や親しい人を戦場に送る悲劇は、「近代」というものの忌まわしさを、否応もなく庶民に感じさせていった。

日露戦争は辛うじて「勝ち戦」となったが、その後、第一次大戦参戦、シベリア出兵、中国大陸へ進出が始まると、件は忙しくなる。

関東大震災の予言は記録されていないようだが（これは件の出現地域が西日本に片寄っていたからだろうか）、満州事変が起こり、軍需産業が好景気となった昭和七年（一九三二）、長崎県の西彼杵《にしそのぎ》地方で、

「近頃平戸でくだんが生れたげなという噂が立った。そうしてその噂が佐世保《させぼ》の方から伝わって来たと」(『未刊採訪記』桜田勝徳《かつのり》著)

という古老の昔語りが残っている。

「此件《この》が生れると何か事変がある。戦争があるか、悪疫が流行するか、あまりよい事はない。此件は生れて直ぐ死ぬが、死ぬ時に必ず何かを予言し、その災害を逃れる方法を教える。件のいう事は決して間違いはない」

肥前国平戸のあたりから噂が出たというのは、予言獣の草分け、人魚や天彦、アマビエの出現を思い起こさせる。

当時の佐世保は、舞鶴《まいづる》、呉《くれ》と並ぶ日本海軍の大要塞地帯だった。当然、対外戦争には敏感な土地であり、そこに暮らす人々の中で御禁制の噂話が裏では絶えることがなかった。庶民にとって、「件」は、噂を発信する手頃なツールだったのだろう。

敗戦を予言する件

太平洋戦争に突入すると国民の負担が増大し、一般の家庭が物資不足に喘《あえ》ぎ始めるようになる。すると、件は俄然その存在感を増していく。

「戦争の終局近しとする流言も本年に入り著しく増加の傾向を示し、而《しか》も其の内容は」

「○○で四脚の牛の様な人が生まれ此の戦争は本年中に終るが、戦争が終れば悪病が流行するから梅干と韮《にら》を食べれば病気に罹《かか》らないと云って死んだ……」

昭和十九年（一九四四）四月、国民を監視していた警保局保安課が発行した『思想旬報』には、このような報告が多数記されている。

また噂の発生源もひじょうに広範囲で、年末には神戸、年が明けるとなんと広島で、一都市の消滅を告げる「牛」が出現している。京都府福知山《ふくちやま》ではついに日本の敗戦を語る件も登場した。愛媛県松山に出現した件の助言は少々ユニークで、

「空襲の被害から我が身を守るには、オハギか小豆《あずき》飯を口にすればよい」

と語ったという。

この小豆が除災につながる話には、原典がある。

文化九年（一八一二）下総藤代村《しもうさふじしろ》（現・茨城県取手市藤代）で八歳の女子が「何《いず》れの男子と戯れ事致せし事」もないのに突如子供を生んだ。土地の領主はそれを言祝《ことほ》いだが、この女

子が死ぬと夜空に幽霊星が出現し、誤ってそれを見た者は即死するという噂が広まった。害を逃れるにはもち米八合をボタモチにして家の屋根に供えるとよいとされ、江戸では小豆ともち米が品切れになったという記録が残っている。松山の噂は、この話の焼き直しだろう。

このようにして昭和二十年（一九四五）に入ると、各地の件が一斉に敗戦を口にし始める。年の初めには、「日本が負ける」「東京が瓦礫《がれき》の山と化す」といった噂が、政治の中枢部、東京の千代田地域でもささやかれ、麹町《こうじまち》の憲兵隊はその発生源の探索に躍起となった。しかし、直後、予言は的中する。昭和二十年三月に大空襲があり、東京は壊滅。アメリカ自身がその戦果に驚き、首都周辺を戦略爆撃地域から除外した。瓦礫の山にこれ以上爆弾を落としても無駄と悟ったのだ。

その後、爆撃は地方の小都市に波及する。山間部の村々で白昼、米軍の艦載機が目撃されるようになると、件の噂にもう誰も驚かなくなった。

岡山在住の、ある古老の思い出ばなしにも次のようなものがある。

「阿哲《あてつ》郡哲西《てっせい》町（現・岡山県新見市）で件が生まれた（中略）その件は『日本は戦争に負け

る』と言って死んだという。村人は、大本営発表で、日本は勝つと聞かされていたが、だんだん状況が悪くなっているのは肌身で感じていた（中略）昭和二十年八月、日本が戦争に負けてから村人たちは、『やっぱり件の言うたのが本当じゃった』というて話したという」（『戦争の民話Ⅱ』立石憲利《のりとし》編）

岡山の勝山町（現・真庭市。新見市の東隣に位置する）には戦時中、谷崎潤一郎《じゅんいちろう》夫妻が疎開しており、終戦直前には被災した永井荷風《かふう》が谷崎宅に転がり込んでいる。

戦争遂行に懐疑的であった彼らの耳には、近隣に広まる件の噂も、確実にその耳へ入ったであろう。しかし、なぜか文豪たちの筆跡に「件」の文字は出て来ない。

インテリであった彼らは現実の危機的状況を、件の名を借りて語るという行為に、なんとなく躊躇《とまど》いを抱いたのではないだろうか。

件の派生型「スカ屁」

江戸末期、越中富山の「かき山いまき谷尻《だにしり》が洞《ほら》」に出現したのが、スカ屁である。

その姿は、顔が老人で身体も人間ながら、腰布一枚の裸体。しかも首から下は漆《うるし》で塗ったかのように真っ黒である。

ある日、肥やし取り（人糞《じんぷん》汲み取り業者）の前へ、その尻が洞の割れ目からこの怪人がにわかに出現し、

「今年より四、五年のうち、世にオナラの病が流行する。これを除けるには我が姿を描いて貼れ。さすればその難を逃れるだろう」

と語った。

スカ屁は、放屁音をともなわぬ屁のことで、つまり透かしっ屁。俗に音の出る屁より臭いとも言われ、この怪人スカ屁を描いた瓦版の図でも、自ら放屁しつつ顔をしかめ、鼻をつまむユーモラスな姿が描かれている。

出現の場所、その台詞を見れば、即座にこれは件や「くだべ」のパロディと気づくのだが、現代人と違い食物繊維質を多く摂取していた当時の人々にとって、屁は切実な問題でもあった。というのは……。

放屁の癖をもつ娘が、大事な祝言《しゅうげん》の席でブウとやって、これが原因で破談になった。あるいは、吉原の大籬《おおまがき》（格式の高い遊郭）の高名な大夫《たゆう》が客の席で一発取り外し、評判にな

「スカ屁」は「くだべ」のパロディ。59頁の倫郷の図とセットで売られていたのだろうか。(大阪府立中之島図書館蔵)

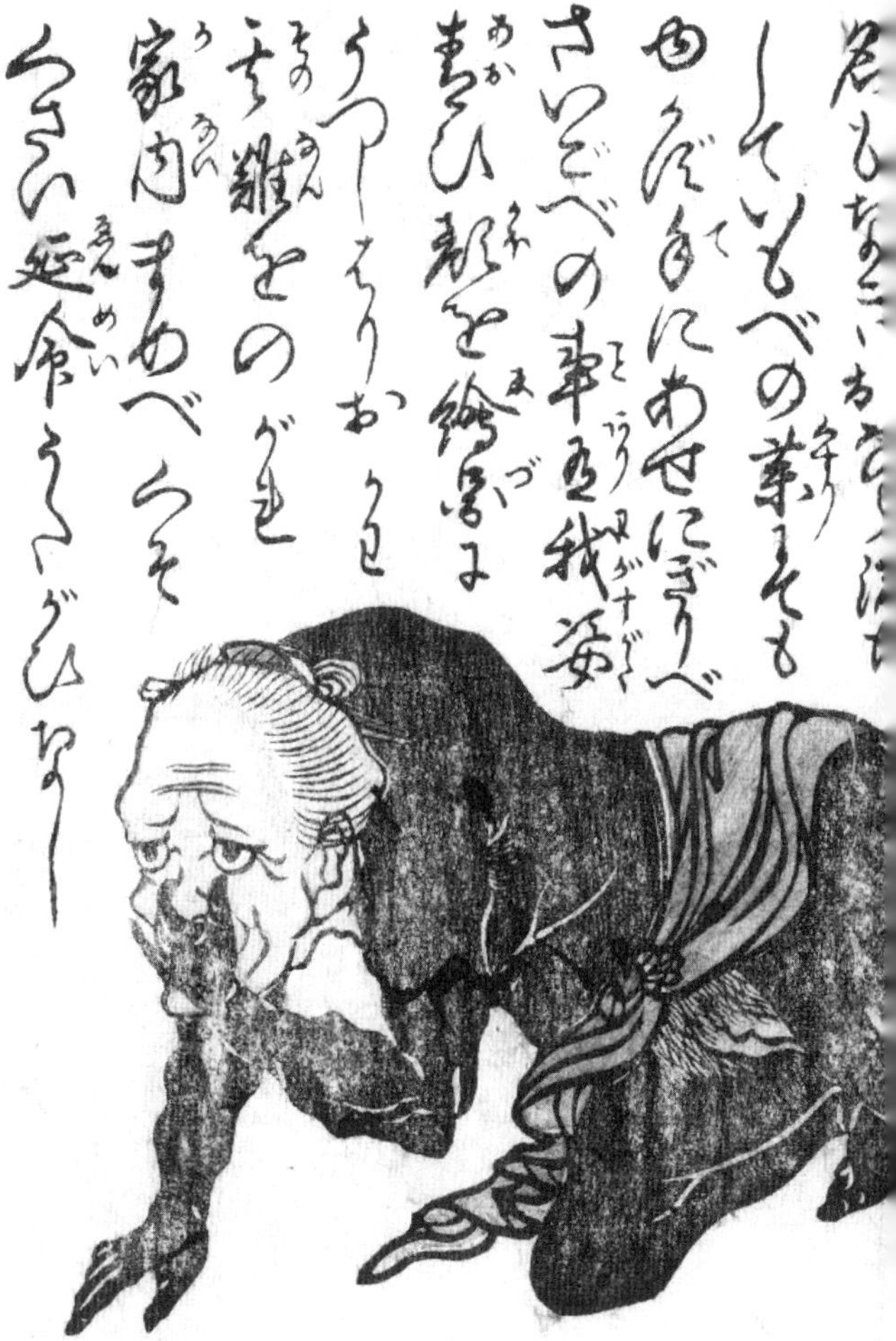

ったことなどが、弘化《こうか》四年（一八四七）版『耳の垢《あか》』（長山千齢著）に書かれている。前者は世を儚《はかな》んで尼となり、後者は笑い者になった身を恥じて自害したという。また、粗暴の振る舞いが多かった越前宰相《えちぜんさいしょう》松平忠直《ただなお》は、酒席で放屁した小姓《こしょう》を手討ちにしているが、これには男色関係のもつれも絡んでいた。尻の恨みは屁ということらしい。

江戸の人糞汲み取り人

こうなると屁も死活問題で、単に悲喜劇などという言葉では片づけられなくなってくる。

江戸の庶民は、

「妙な話だよう」

と笑いながらも、ひょっとして自分もそんな悲劇に巻き込まれるのではないか、と一抹の不安をおぼえ、怪人の絵姿を購入したに違いない。

加えて江戸っ子は、下ネタも大好きだった。

スカ屁に遭遇した汲み取り人は、当時すでに諸外国を抜き、世界最大の大都市であった江戸で「生産」される糞尿を回収し、近隣の農村へ供給する大事な仕事を担っていた。

肥料となる糞尿は貴重な農業資産とされ、その汲み取りを行う権利は、高額で取引された。江戸近辺でそうした業者が集中していたのは、武州葛西《かさい》（現・東京都江戸川区。当時は現・葛飾区や墨田区・江東区の一部を含めた広い地域を指した）だ。

こんな話がある。大店《おおだな》の雇奉公の女たちが、集って自己紹介。私は下総、私は多摩の在などと言う中で、一人の女が顔を真っ赤にして、

「尾籠《びろう》（下品なこと）ながら私、葛西」

と言った、と笑話集『鳥の町』（安永五年版）にある。何もそこまで恥じ入ることはないのだが。現代ではＩＴ産業で働くイン

「画解五十余箇條」より。明治時代に近代化を進める中、街中での迷惑行為を絵解きで記したもの。汲み取り人に肥桶にフタをするように促している。（国立国会図書館デジタルコレクション）

ド系の人々が多く暮らす国際色豊かな町が、かつてはそんなイメージだったのである。

屁の曲芸

なお、風来山人《ふうらいさんじん》（平賀源内《げんない》）の『放屁論』に、安永三年（一七七四）四月、江戸両国の見世物に「昔語花咲男《むかしがたりはなさきおとこ》」と名乗る曲屁《きょくべ》（放屁芸）の名人がいた、と書かれている。中肉色白の放屁男は、囃方《はやしかた》の音に合わせて三番叟《さんばそう》から伊勢音頭、文弥節《ぶんやぶし》など、客の求めに応じてあらゆる曲を合奏し、ついには屁をひりながら宙返りまでして、江戸中の人気をさらった。

この曲屁は外国にもあり、十九世紀後半、ベル・エポック華やかなりし頃のパリに出現した放屁芸人ピュジョルは、ムーラン・ルージュの舞台に立ち、大喝采《だいかっさい》を浴びている（『東西不思議物語』澁澤龍彦《たつひこ》著）。

江戸の放屁芸人は、さらなる稼ぎ口を求めて西国に巡業し、四年後江戸に戻って采女《うねめ》ヶ原《はら》（現在の中央区銀座五丁目）で興行を打った。が、客の入りが悪く、すぐに小屋を閉ざしたという。

「まさに、それは、屁のような人気だった」

と『江戸娯楽誌』（興津要《おきつかなめ》著）は書くが、これだけの至芸がわずか四年で飽きられてしまうとは、江戸っ子の移り気も少々異常で、魔に憑《つ》かれているようなところがある。

似て非なる件型の怪

人面獣身ではない、ごく普通の牛が物を語ったという噂が、港町神戸に広まったのは、明治十九年（一八八六）夏の頃である。

この時、牛が何を言ったのか、その内容は伝わっていない。

「さすがに外国人の多く住む土地柄。牛も語学の必要を感じて、まずは日ノ本の言葉、次に外国の言葉を学ぼうとするのだろうか」

と町の者は語り合ったという。

噂話には、必ずそれなりの背景がある。

明治十九年といえば、前年、内閣制度が制定され、伊藤博文《ひろぶみ》の第一次内閣が成立した年である。外務大臣の井上馨《かおる》による、不平等条約改正交渉も始まったが、時を同じくして十九年十月二十四日、紀州（現・和歌山県）の大島沖で英国船ノルマントン号が座礁、沈没。イギリス人乗組員二十七名は全員ボートで脱出し無事だったが、船内に取り残された日本人乗客二十三名全員が溺死する事件が起こった。この事件を審判した神戸のイギリス領事館は、船長のドレイク以下全員を無罪としたために、世論が沸騰。条約改正案として日本での外国人の裁判に外国人判事を任用するとした井上外相にも非難が集中して、辞任に追い込まれた。

怒りの矛先《ほこさき》は、神戸のイギリス領事館にも向けられ、町は不穏な空気に包まれた。「牛が語った」というその話の内容は、恐らくノルマントン号事件と、在留外国人に対する不満であろう。

この一件は当局の言論統制により、早目に噂が抑え込まれたために広がらなかった。なお、日本政府も神戸イギリス領事の判決を不満として横浜イギリス領事裁判所に告訴。ドレイク船長は禁固刑となった。

頭が牛で身体が人間

牛は有史以前から家畜として、人類に親しまれてきた。

中央アジアではその貴重性から、聖獣とされ、羊と並んで祭礼の犠牲獣にも用いられている。

古代中国でも、牛の耳が指導者間の盟約の証として神に捧げられ、とくにその左耳を取る者を盟主とした。物事を「牛耳る」の語源である。

この大型獣は元来、我が国には存在しなかったという。邪馬台国を記録した『魏志倭人伝《ぎしわじんでん》』の中に、

「その地に牛馬……無し」

と書かれている。どうやら牛は、ヤマト王権の成立前後に、列島へ持ち込まれたものらしい。同時に、牛に関する神話や奇怪な伝承なども入ってきたのだろう。現在でも瀬戸内海地域から日本海沿岸にかけて、大陸と共通する物語が残っており、これに注目する民俗学者も多い。

その中で、もっとも有名なものは「牛鬼」だ。

これはギリシャ神話のミノタウルスに似た牛頭の怪物で、中国の史書に、

「牛鬼蛇神《だしん》も、其の虚荒誕幻（こしらえごと）為《な》るに足らず」（「季賀集序」杜牧）と書かれているが、日本各地にその名は残っている。これが、平安時代に入ると、仏教の普及とともに、地獄の下卒である牛頭鬼のイメージと重なり、広く恐怖の対象となった。

清少納言『枕草子』にある「名おそろしきもの」の中のひとつとして「うしおに」の文字が見える。また、この牛頭人身の獄卒《ごくそつ》型とは別に、巨大な怪獣型の牛鬼も存在する。とくに四国や広島・岡山のあたりでは、こちらの方が主流のようだ。

愛媛県宇和島《うわじま》地方の祭礼に出る牛鬼の造り物は、全長五メートル以上もある布張子で、これは同河辺《かわべ》村の山伏《やまぶし》が退治したものをモデルに作られたという。

水木しげる氏は、牛の角を持つ鬼の首に、大蜘蛛《おおぐも》の形をした胴が付く牛鬼をよく描いたが、これは江戸期の絵巻物の図が元になっていて、ことさら奇怪な姿に表現したもの

『百怪図巻』に描かれた体が蜘蛛で頭が牛の「うし鬼」。（福岡市博物館蔵。画像提供：福岡市博物館/DNPartcom）

だ。氏の出身地に近い島根県温泉津《ゆのつ》地方にも、異形の怪獣牛鬼が、海上を行く船を襲うという伝承がある。また、山中に出没する牛鬼は川の淵にひそむとされ、その血が流れた場所はとくに「牛鬼淵」と呼ばれることが多い。『備前国《びぜんのくに》風土記《ふどき》』には神功《じんぐう》皇后が瀬戸内を渡る時、海中から突如巨牛が出現して、その船を覆そうとした。住吉明神が牛の角を摑んで投げ倒したために、その地を「牛転《まろ》び」。それが転じて、現在の岡山県牛窓《うしまど》になったという。

どうやら日本の牛怪は、好んで水中にひそんでいたものらしい。

鎌倉幕府の記録『吾妻鏡《あづまかがみ》』建長《けんちょう》三年（一二五二）三月六日の項に、

「丙寅、武蔵国浅草寺《せんそうじ》に牛のごとき者、忽然と出現」

の記述が見えるが、これは隅田川の中から出て来たようだ。この時、「牛のような怪物」が走り込んだ浅草寺では、五十人の僧が食堂《じきどう》で集会を催していたが、その内七人が即死。二十四人が毒気に当たって病に臥《ふ》せたという。同じ隅田川沿いの牛御前社《うしごぜんしゃ》（現・牛島神社）にも、川の中から牛鬼のようなものが出現して社殿に飛び込み忽然と消えた。後には玉がひとつ落ちていて、「いまは社宝・牛玉《ごおう》これなり」（『新編武蔵風土記稿』）とある。牛玉（牛

『画図百鬼夜行』より「牛鬼」。（国立国会図書館デジタルコレクション）

黄）は、牛の内臓に生じる結石だが、漢方ではこれを貴重な生薬とする。こうした鎌倉期の公式文書にはっきりと書かれている牛型の水生未確認生物とは、一体何者であったのだろうか。

以津真天（いつまで）、予言する鳥

鎌倉幕府が滅び、後醍醐《ごだいご》天皇の親政が開始された建武《けんむ》元年（一三三四）秋。御所の屋根に夜な夜な怪鳥が出現し、奇怪な鳴き声をあげた。

人が耳を傾けてその声を聞くと、

「いつまで、いつまで」

と叫んでいるようにも聞こえる。帝の御親政がいつまで続くだろうか、と嘲《あざけ》っているようだと噂する者もおり、朝廷ではこれを問題視した。一人の公卿《くぎょう》が言う。

「その昔、近衛《このえ》院の御時、御所の南殿を黒雲が覆い、帝がお悩みになられた。源氏武者の頼政《よりまさ》を召してこれを弓で射させたところ、落ちてきたのは頭が猿、胴は狸、尾は蛇、手足は虎の怪物鵺《ぬえ》であったという。此度《こたび》も左様な変化《へんげ》に違いない。急ぎ武芸に長じた者を召し

『今昔画図続百鬼』より怪鳥「以津真天」。添え書きに「広有（次郎左衛門のこと）、いつまでいつまでと鳴く怪鳥を射し事、太平記に委し」とある。（東北大学附属図書館所蔵）

て退治させるべきであろう」

朝議は一致し、隠岐次郎左衛門《おきじろうざえもん》という弓の名人が召された。

同年八月十七日の晩。次郎左衛門が待ち受けていると、御所に黒雲がかかった。尊きあたりに流れ矢が届くことを恐れた次郎左衛門は、鏑矢《かぶらや》の鏃《やじり》を外して鏑だけにした矢を放った。見事、鳥のようなものが落ちて来たので、人々が駆け寄ってよく見ると、

「頭は人のようで身体は蛇、くちばしは曲がって食い違いに歯が生え、足の毛爪は剣のように鋭い。両の翼を広げると一丈六尺（約四・八メートル）を超えた」

という怪物であった。

後醍醐帝は、隠岐次郎左衛門の功を賞して五位に任じ、因幡国《いなばのくに》（現・鳥取県）の荘園二ヶ所を与えた、と『太平記』に書かれている。

しかし、この「以津真天」鳥が射落とされた後、わずか二年で建武の親政は崩壊した。後醍醐天皇を始めとする貴族たちの、政治感覚の欠如は武士層の反発を買い、足利尊氏の反乱を招く。

「怪鳥の予言は当たった。御親政などというものが、いつまでも続くわけはない」

口さがない京童《きょうわらわ》どもは、噂し合ったことだろう。

日本人の暮らしと鳥

かつてユーラシア大陸南部から東部にかけてのアジア人は、鳥が天高く飛ぶところから、天界と地上を行き来する霊魂が憑依《ひょうい》したもの、と考えていた。

また、鳥は神の啓示を受けて数々の予言を行うと信じられ、その鳴き声で吉凶も占った。鵜や以津真天の鳴く声に朝廷が動揺したのは、極めて当然のことだったのだ。

現在でも鳥の鳴き方で、人の死を予想する地方は多い。滋賀県の一部では、それが激しく鳴く時は出産。さびしく鳴く時は葬儀があるとされる。沖縄県国頭郡《くにがみ》では、朝の鳥鳴きは来客や郵便の知らせ。午後に激しく鳴いた時は、隣人との喧嘩沙汰や思わぬ怪我があるという。

また、夜中の鳥鳴きは凶事の印とされ、(広島・徳島・長崎)、とくに火事の予兆とする考え方は群馬から新潟、秋田・山形・青森、島根・山口と広範囲に広がっている。

縁起の良い話も多い。年も押し迫った師走《しわす》の二十八日早朝、小鳥が激しく鳴けば豊作。

鳥が騒げば、次の年は豆が多く採れるという（長野県北安曇郡《きたあづみ》）。一方、熊本の阿蘇《あそ》地方では、元旦にスズメが激しく鳴くと穀物相場が跳ね上がると喜ぶ。

鳴き声だけではない。家に鳥が飛び込むことで占いを立てるところもある。俗に「舞い込む」「とり込む」と称して、これが家の繁栄を表す吉兆と見る地方は多い。

しかし、逆に凶兆として、火の仕末に気をつけたり、外出を取り止めたりする土地もある。北陸金沢では、家に入った鳥を捕まえて赤飯を与えて逃がす。鹿児島県徳之島《とくのしま》では、鳥を逃がした後、厄払いとして吉日を選び、一家揃って野遊びをするようなところも見受けられる。

黒澤明の映画『蜘蛛巣城《くものすじょう》』の中で、城中大広間に多くの山鳥が飛び込むのを見た一人の老将が、

「不吉」

と吐くように言うシーンがある。これは城攻めする敵が周囲の森を伐採したため、住み処を失った山鳥が城中に逃げ込んで起きた珍事だが、老将の発言には、それなりの根拠があるのだ。

人里離れて住む山鳥が大挙して人家に入る現象は、山崩れや天候不順で巣を失ったり餌が乏しくなったりすることが原因と考えられる。

そうした長年の経験から老将は鳥の乱入を凶兆としたのだろうが、主人公は鼻で笑い、

「何につけ色を失う腑《ふ》抜《ぬ》け大将」

と、ただ罵倒する。

森の物《もの》の怪《け》に魅入られている彼は、森が動くまで自分は負けぬという思いに固執して、その森が伐られ、敵によって遮蔽物として使われている重大事に気づかない。

巣を失った山鳥の動きを予兆としたあたり、このシーンはひじょうに秀逸な伏線なのである。

件と白澤の原形

先に少し触れた白澤《はくたく》は、古代中国の道教で説かれた霊獣である。

人面獅子の身というが、その四脚には蹄《ひづめ》があり、牛か鹿のようだ。顔は老人、その頭と胴には複数の角を持ち、背にも多くの目がある。

時の帝王が有徳《うとく》の時に出現し、善きことを教えるという。

六世紀から七世紀にかけて、日本に道教思想が流入すると、白澤も古代天皇制の中で除災の霊獣として受け入れられた。しかし、神秘的テクノロジーである陰陽道《おんみょうどう》が盛んになると一転。白澤は太古の製薬神である神農《しんのう》とともに医学のカテゴリーに入り、同じ空想獣である「貘《ばく》」と同一視されて、ついには単なる縁起がよいとされる生き物（縁起獣・瑞獣）と化してしまう。

白澤を重視したのは、文字に明るい漢学者や製薬業者だった。

江戸期に入り、漢学の実学研究が復活すると、白澤はようやく息を吹き返す。

『和漢三才図会』の「白澤」の図。（国立国会図書館デジタルコレクション）

寛文《かんぶん》の頃（一六六一〜七三）京や大坂の学者たちが自宅を開放し、和漢の書籍に照らし合わせて怪異現象の解釈をすることが流行った。その折り、よく白澤の名が出たという。歌学者の山岡元隣《げんりん》は、京都六条の私邸で、『山海経《さんがいきょう》』

や『黄帝内経《こうていないきょう》』を手元に置き、

「(古代中国の)黄帝が巡幸して、東海に面した桓山《こうざん》に登ったところ、白澤と名乗る霊獣に出会った。白澤は人語を解し、古今の事例、森羅万象の出来事に通じていた。試みに、遊魂が変化した物の種類を問うと、精気が凝って物の形が為されたものは大略一万一千五百二十種なり、と答えた。黄帝は驚き、これこそ尊い神獣である。民に知らしめるため、絵図を描け、と絵師に命じた。今日、広く流布している白澤図こそそれである」

と教えたという。

後の正徳《しょうとく》二年(一七一二)世に出た図説百科事典『和漢三才図会』にも、こうした説は取り入れられている。

この『和漢三才図会』の影響は大きく、それまで漢方医だけの知識であった白澤は、たちまち庶民の間に浸透する。

江戸の後期、旅する人々は財布の中に、木版刷りの白澤図を入れた。旅行の縁起物、災難除けと開運、とくに旅先の水に当たらぬお守りとして人気があったという。

この人面獣身の予言獣が、従来の牛鬼や件と結びついて独自の形態に変わるまで、たいして時間がかからなかった。

安政《あんせい》五年（一八五八）夏、西国からコレラが伝播《でんぱ》すると、江戸の町に白澤図が流行した。旅行用の護符が、病除けのお守りとしても活用されたのである。

『安政午秋項痢病流行記』（天寿堂版）には

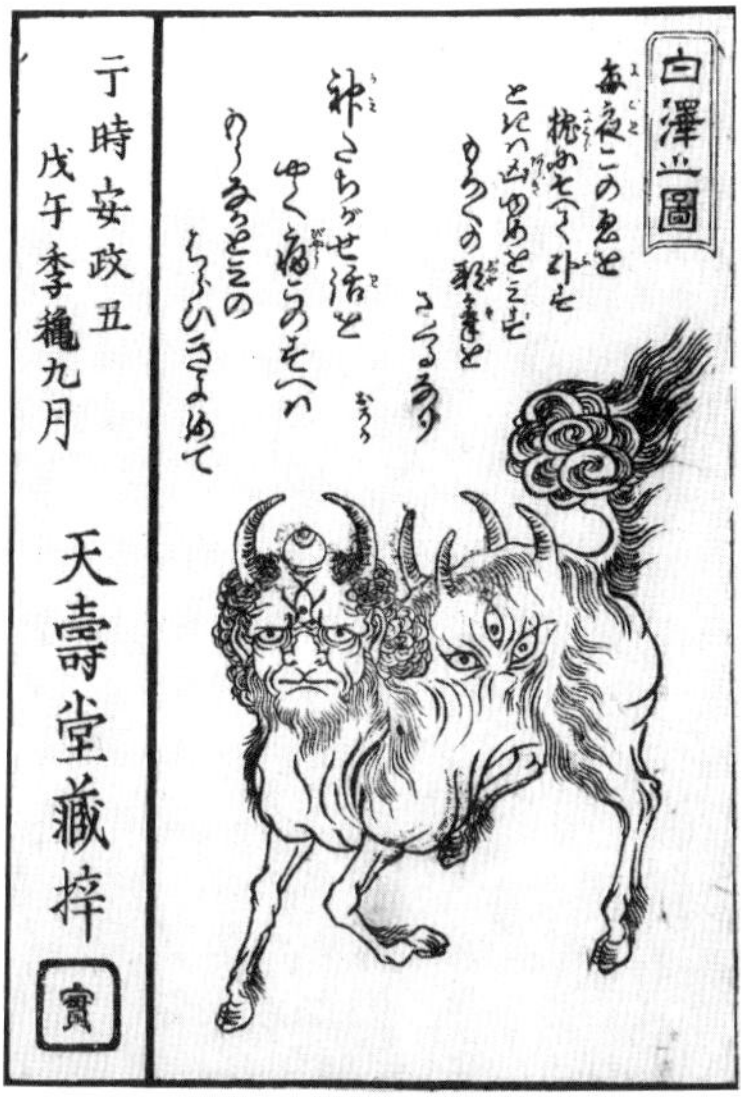

『安政午秋項痢病流行記』所載の「白澤之図」。
（京都大学附属図書館所蔵）

「夜毎《よごと》この絵を枕に添えて臥すときは凶《あしき》ゆめを見ず、もろもろの邪気を去るなり。

（神歌）神たちがせわをやく病《びょう》このすえハ、もうなかとミのはらいきよめて」

と厄払いに唱える歌も記されている。

江戸の白澤は、老舗《しにせ》の予言獣として、新参者の人魚や神社姫と、肩を並べて活躍していたのである。

「渡る世間は鬼ばかり」か

海坊主は、海に出現する法師《ほうし》型の怪物である。

船入道、海法師、海和尚と呼ぶ地域もあり、漢学者は、水人、鮫人《こうじん》、鮫客《こうきゃく》などと呼ぶ。

「船入道という者あり。長さ六、七尺《しゃく》（身長約二メートル）ばかりありて色黒く、目鼻手足もなくて海の上にあらわる」（『本朝語園』）

というのが一般的な姿だが、

「高さ十丈《じょう》（約三十メートル）」（『燕石雑志《えんせきざっし》』）

「頭は、人の頭の五、六倍。口は二尺（約六十センチ）に裂け」（『奇異雑談集《きいぞうたんしゅう》』）

という巨大なタイプも目撃されたらしい。

海上でこれに出会う者は、言葉を発したり、悲鳴をあげたりしてはならない。船上に上って来ても黙っていれば、何事もなく去る。

「若《も》しあれは如何《いか》なるなどと言えば、その詞《ことば》の終わらざるに（海坊主は）船破ると言えり」

（『本朝語園』）

騒ぐと船を破壊し、人々を溺死させるというのだ。

困ったことには、こちらが黙っていても海坊主の方から語りかけてくることがある。その場合、答えずにいると、やはり船をひっくり返す。面倒臭い妖怪なのである。

これは『雨窓閑話《うそうかんわ》』に載っている話である。

伊勢国《いせのくに》（現・三重県）に桑名《くわな》の徳蔵《とくぞう》というベテランの船乗りがいた。ある月の晦日《みそか》に一人船を漕いでいると、にわかに天候が変わり、身の丈《たけ》一丈（約三メートル）ほどの大入道が船の前に現れた。この者は鏡の中に朱を塗ったような両眼を輝かせて、

「我が姿は恐ろしいか」

と問う。徳蔵は落ち着いて、こう答えた。

「世を渡るの他におそろしきは無し（この世に暮らす方がよほど恐いよ）」

大入道はこれを聞くと波間へ消えていき、嵐も急速に収まったという。

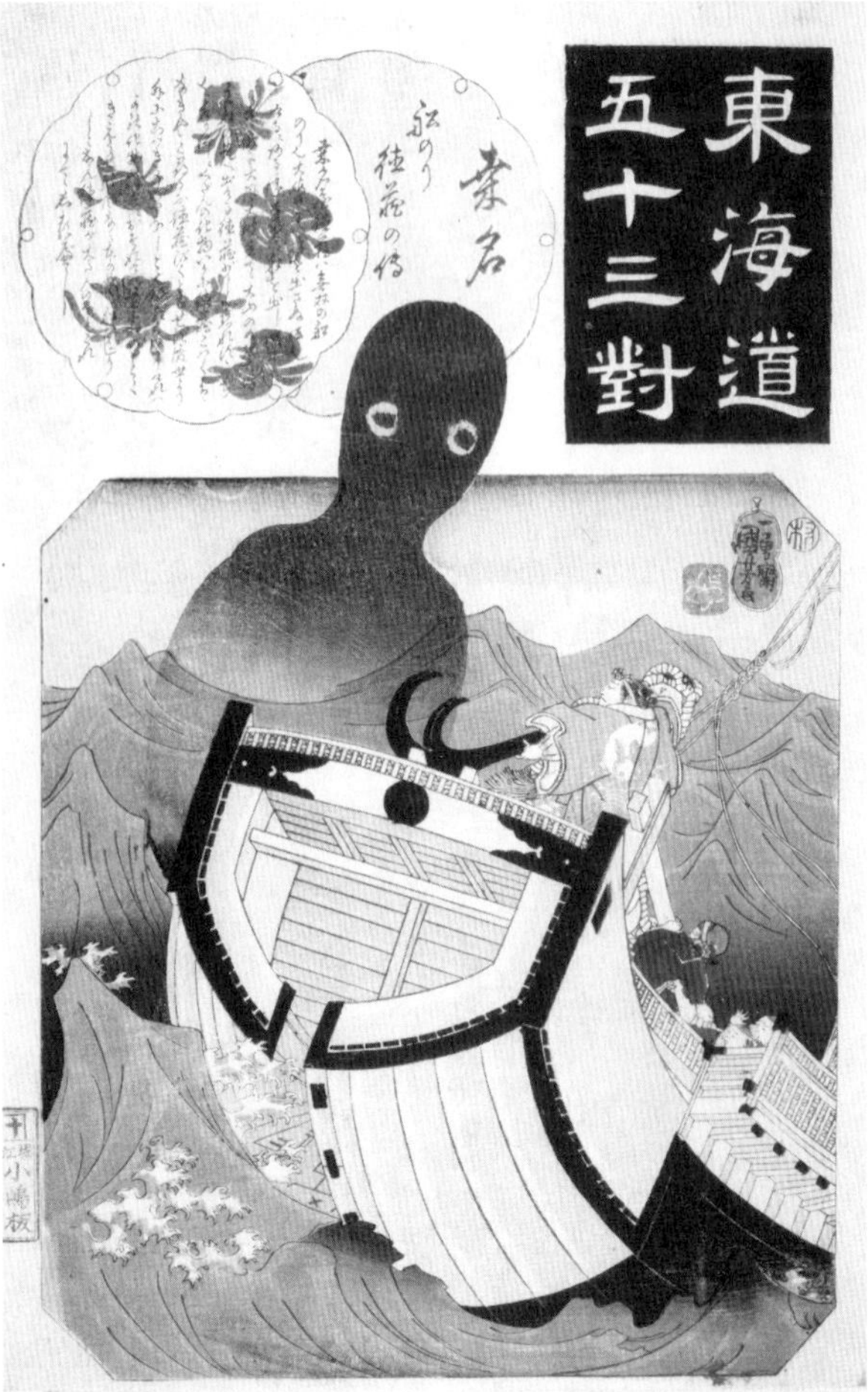

『東海道五十三対』は東海道の各駅に因んだ故事や物語を題材にした揃物。桑名は「船のり徳蔵の伝」として、海坊主と出会った話が紹介されている。(国立国会図書館デジタルコレクション)

コレラ除けになった海坊主

この海坊主が、縁起物になった例がある。

明治十二年（一八七九）十月二十日発行「安都満《あつま》新聞」の記述によると、「上総国夷隅郡《かずさのくにいすみ》（現・千葉県夷隅郡や勝浦市のあたり）の鰹魚釣り漁船が同年十月七日、流し釣りをしつつ部原《ぶはら》浦の沖まで流してきたところ、午後五時頃、船の右舷《うげん》一町（約百九メートル）あたりの波間を掻き分け、真っ黒い怪物が出現するのに遭遇」したという。その顔の大きさは、四斗樽を三つ寄せ集めたようで、両眼は鏡のごとく。馬のような鼻づらを振ってあたりを見まわした。

船中の漁民一同、櫓《ろ》から手を離し、息を殺していると、その巨大な怪物は、がばと音を立てて再び海中に没した。

漁民らはようやく息をすると必死に櫓を漕ぎだして、命からがら逃げ帰った。村人に自分たちが見たものを伝えると、八十歳を過ぎた長老格の者が大いにうなずいて、

「それは世に言う海坊主という怪物だろう。この村の沖合でも、それに出会った者がいる、と若い頃に聞いたことがある。何事もなく戻って来られたのは目出たいことだ」

と語った。

村人は漁民を囲んで生還祝いの酒を酌《く》み交わしたが、席上、「其見し姿」を絵に写せば、虎列刺《コレラ》除けになるのではないか、と言い出す者があった。試みに各家の戸口に貼り置いてみると、不思議にもこの村には、病に感染するものがなかった。これぞ海坊主様のお守りなさるところである、と言いはやし「此図像を頻《しき》りに信仰する」という。

海上に出没する異形のものが疫病除けになるという発想は、人魚やアマビエのそれから影響を受けたものだろう。


海坊主＝海蛇!?


しかし、この「海坊主」は、自らの口で一言も予言を語ってはいない。さらに気になるのは、その姿だ。故事や逸話を集めた『本朝語園』には、目鼻手足もなく、とあり、また『海島逸志《かいとういっし》』によれば、

「形は人間に似ているが口が大きく耳元まで裂けて」

と、一応人型の怪物に分類されることが多い。しかし、夷隅郡の漁民たちが見たそれは

「馬のごとき鼻づら」とある。

この長い鼻づらという表現は、調べていくと、巨大な爬虫類の目撃談に必ずと言ってよいほど登場する。

織田信長の一代記である『信長公記《しんちょうこうき》』（太田牛一著）の「蛇かえの事」に、尾張清州《おわりきよす》の近郊比良《ひら》の「あまが池」に出た大蛇は、全体が真っ黒で「その面は鹿のごとく」鼻先が長いと記されている。現在も調査中のスコットランド地方、ロッホ・ネスの怪物、俗に言うネッシーの目撃談にも、鹿や馬にそっくりだったという証言が多い。

一八七八年（明治十一）八月二十九日。アメリカ・ハドソン河口のコッド岬沖で、測量船が遭遇した巨大海蛇《かいだ》は、海上にもたげた鎌首が、高さ約三・六メートル。首の直《さし》径《わたし》は約九十センチあまりもあり、全体に茶褐色。鼻づらは長かったという。

「国民新聞」に載った海外の「海蛇」の図。

どうやら、夷隅郡の漁民が見たものは、欧米でも時折話題になる海蛇（シー・サーペント）のようだ。シー・サーペントが人語を解するという話はついぞ聞かないので、上総部原浦沖に出現した怪物は、妖怪というより爬虫類型の未確認生物の類《たぐい》とすべきなのかもしれない。

第三章　幸せを呼び寄せる幻獣たち

瑞獣が現れる時

アマビエ、件《くだん》、天彦など、いわゆる予言獣は、「自分を見て、姿を描いて」と強くアピールしてくるのが常だが、瑞獣（縁起獣）と呼ばれる幻獣たちは、鷹揚《おうよう》である。

世が平らかで善政が布《し》かれ、万民の生活がそれなりに安定している時に彼らは現れる。姿を見たものは、もうそれだけで凶事が祓《はら》われる。幻獣界の老舗《しにせ》ともいえる彼らは、何も語らず、ただ悠然と出現し、効験を表すのである。

しかし、幻獣と呼ばれるだけあって、彼らは、めったに人前へ姿を現さない。言いかえれば、それだけ現実社会は常に不安定で、理想的な政治が行われることは少ない、という証明でもある。

次はこうした「出ただけでありがたい」縁起獣の姿を見ていこう。

麒麟―めでたいものの代表格

麒麟《きりん》は仁徳ある王者の治世に出現する。

その奇妙な姿は今日、ビールの商標などで我々の目にも馴染んでいるが、由来については案外知られていない。

まず、麒麟はその一個体を指す言葉ではなく、麒が雄、麟が雌をいう、と中国南朝の宋について書かれた『宋書符瑞志』には出ている。

また、麒は、大なる者、麟は、燐（動物の身体から発する光）を表し、ふたつの文字を並べることにより、燐光を発する偉大な獣を表す、という。

その姿は、

「麕《きん》（ノロジカ）に似て尾は牛、狼のごとき貌《かお》を持ち、蹄《ひづめ》は丸い。額には角があり、その角の端には肉が盛り上がっている。声は鐘を鳴らしたようで、動きには一定の節度がある。遊ぶ場所にも注意をはらい、歩く時は虫を踏んだり草を荒らしたりしない。群で行動することはなく、獣を捕らえるワナや網にかかることもない。王者が仁徳ある時に出現する」

と『陸機疏』にはある。

角先に肉があるのは、それによって他者を傷つけない用心で、丸い蹄とは奇蹄類《きてい》ウマ目の特徴である。しかし、現在見かける麒麟の図のほとんどは、偶蹄類《ぐうてい》（蹄の前部分が大きく分かれたイノシシ・カバ・ラクダ・シカ・ウシ・キリン科の哺乳類）の形に描かれている。

さらに古い文献の多くは、この聖獣を一字で表す時、「麟」を用いる。通常、鳳凰《ほうおう》などを略する時は上の一字、雄を表す鳳が用いられるのだが、麒麟の場合は、なぜか下の字、雌の麟を用いる。

『三才図会』は、『宋書符瑞志』とは逆に、麒が雌で、麟を雄とし、麟には角があると説明している。

『南総里見八犬伝』を書いた江戸後期の作家・滝沢馬琴は、この麒麟の出自についていろいろな文献を彼なりに漁り、ついては、龍にその原因を見出した。

「龍の特性は淫なるもので、他の動物と交わらぬということがない。牛と交われば麒麟を生み、猪と交われば象を生み、馬と交われば龍馬を生むのである」

と、語っている。これは清王朝、乾隆帝《けんりゅうてい》の時代に編纂された『襲格』にある、「王煥文の飼い牛が龍と交わり、麒麟が生じた」という話から採られたもので、別に馬琴の自説ではないのだが、あの鈍重なイメージを持つ牛から、鹿を思わせる颯爽《さっそう》とした麒麟が生まれたというのは、どうも合点がいかない。

麒麟はいつ、どこに出現するのか

古代中国春秋時代の聖人孔子《こうし》の母は、ある日、山道で偶然に麒麟の足跡を踏み、彼をみごもったと伝えられる。孔子は紀元前五五二年の生まれというから、その当時は麒麟も人里近くの山々を歩きまわっていたらしい。

その孔子が老いて理想社会を求め、弟子とともに各地を放浪している頃、魯《ろ》の哀公《あいこう》が狩りに出て奇妙な動物の死骸を得たと聞き、出かけてみた。見ると鹿ほどの大きさで額に角が一本備わっており、腹の下は黄色であった。これが麒麟の遺体と知って孔子は、仁徳の王が出る世ではなくなったことを知り、大いに嘆いたという（『春秋』「獲麟」）。

孔子が死んだのは、この直後の紀元前四七九年。春秋時代の後期である。世は少しずつ戦国に傾き、ユーラシア大陸の西では、オリエントを統一したペルシア帝国とギリシャ諸国の戦いが、最高潮に達しようとする頃だ。

しかし、その後、麒麟はその習性とは違った行動を見せる。

時代が下って前漢の武帝《ぶてい》時代、元朔《げんさく》七年（紀元前一二二）には白い麒麟が獲れた。武帝は喜び、年号を元狩《げんしゅ》元年に改めた（『漢書』）。決してワナに落ちないという麒麟を捕らえた記録はそれより六百年近くも昔に書かれた『春秋左氏伝』や『春秋公羊伝』にもあるが、年号を改めるというのは尋常のことではない。

さらに本来単独で行動するはずのない麒麟が、後漢時代の元和《げんわ》二年（八五）から章和《しょうわ》元年（八七）の間に五十一頭も群で出現している。

この大量出現は、呉の赤烏《せきう》八年（二四五）、南宋の慶元《けいげん》四年（一一九八）、清の乾隆《けんりゅう》四年（一七三九）にも記録があり、中国の人々を何度も驚かせている。

明の成祖《せいそ》永楽帝《えいらくてい》（在位一四〇二～一四二四）の頃、イスラム教徒の宦官《かんがん》鄭和《ていわ》は、大艦隊を率いて前後七回の海洋遠征を行い、インド洋からアフリカ東部に達した。各地で通商貿易を行い、貴重な動植物も持ち帰ったが、とくに注目すべきは、アフリカの東海岸で入手したウシ目キリン科の巨大な草食獣ジラフを永楽帝に献上したことだろう。

この動物は、現地で「ギリン」と呼ばれていた。それが中国語の麒麟《チーリン》に似ているというところから、以来それを同一のものとしたという。

日露戦争後の明治四十年（一九〇七）、ジラフが初めて日本の動物園に入った時も、生物

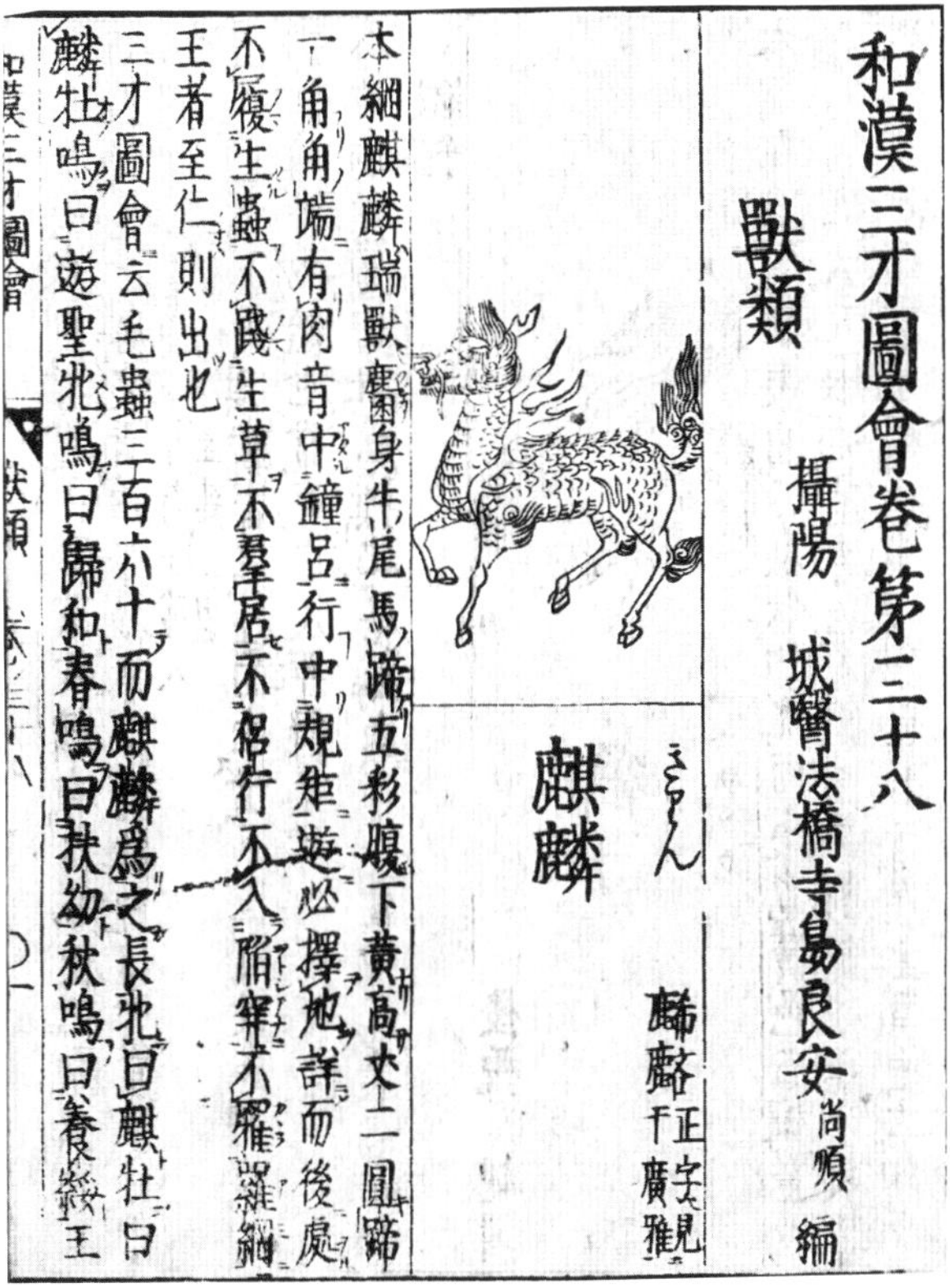
和漢三才圖會巻第三十八
獸類　攝陽　城醫法橋寺島良安尚順編
麒麟　きりん　騏驎　正字見廣雅
本綱麒麟瑞獸麕身牛尾馬蹄五彩腹下黄高丈二圓蹄
一角角端有肉音中鐘呂行中規矩遊必擇地詳而後處
不履生蟲不踐生草不羣居不侶行不入陥穽不罹羅網
王者至仁則出也
三才圖會云毛蟲三百六十而麒麟爲之長牝曰麒牡曰
麟牡鳴曰遊聖牝鳴曰歸和春鳴曰扶幼秋鳴曰養綏王
和漢三才圖會　獸類　巻三十八　〇二

『和漢三才図会』「麒麟」の項。（国立国会図書館デジタルコレクション）

学者の石川千代松《ちよまつ》が和名として「キリン」と命名し、現在にいたっている。

日本には麒麟が来ない

その日本だが、中国でこれだけ麒麟の目撃例があるにもかかわらず、その記録は全くと言ってよいほど残っていない。日本人は、龍をもって霊獣の第一としたため、麒麟を崇《あが》める風習がさほど広がらなかったのだろう。

わずかに『日本書紀』、天武天皇の九年（六八〇）二月の条に、

「ある人が大和《やまと》（現・奈良県）葛城山《かつらぎ》で麒麟の角を拾った」

という記述があるのみ。

その角は一本の根元から角先が二股に分かれ、根元には肉が付き、一寸（約三センチ）ほどの毛が生えていた。一角の獣は本朝（日本）には存在しない。これこそ唐の国に言い伝えられた麒麟の角に違いないと、その人は急ぎ朝廷に献上したという。

日本最初の漫画と称される『鳥獣戯画』四巻の内、霊獣・奇獣の図鑑とも言うべき乙の巻には、珍しく和風の麒麟図がある。

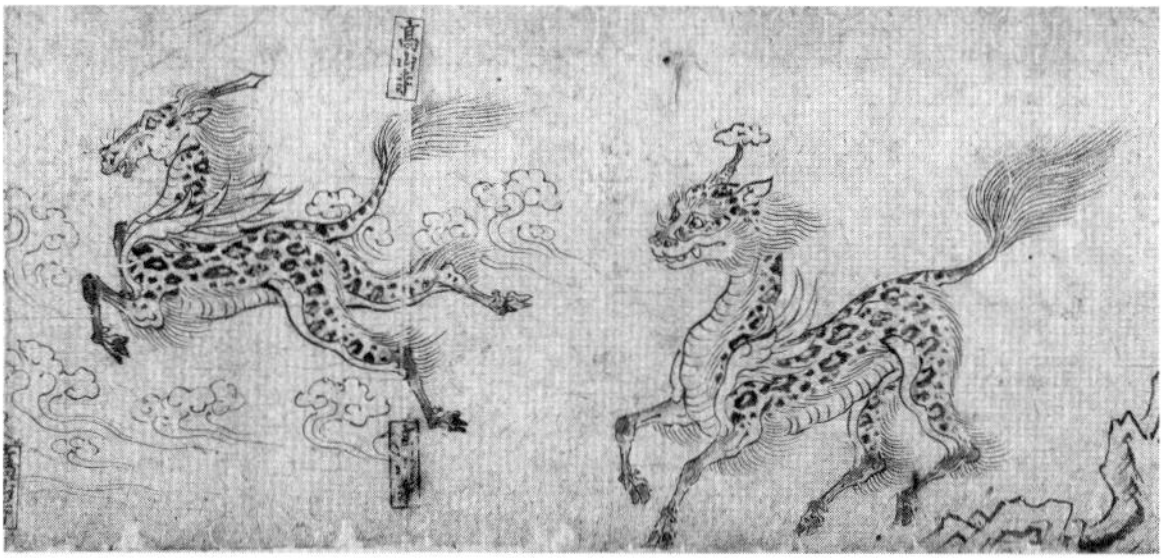

『鳥獣戯画』に描かれた「麒麟」。（高山寺所蔵）

首が長く身体には豹のようなまだら模様があり、一匹は犬、一匹は馬のような顔をしている。雄雌を描き分けているようだが、とても同種の動物には見えない。前者には仏具の笏《こつ》に似た角、後者には剣型の角が付いている。周囲に瑞雲が描かれているのは、宙を駆けて一日に千里を行く、というその表現なのだろうか。

なお、「麒麟が来る」というフレーズも、ただやって来るだけではなく、将来の聖王となる子供（麒麟児《きりんじ》と称する）を背に乗せ、運んで来ることを指すらしい。

これを「麒麟送子《そうし》」と言うが、これも日本ではあまり知られていない故事だろう。

貘―悪夢を食らい、諸疫を除く万能獣

日本に初めてマレー・バク（タピール）が輸入された時、

「これはバクじゃない」

と口にする見物人が多く、動物園関係者を困惑させたという話を以前、児童図書で読んだことがある。

ウマ目バク科のバクは現在、中南米に三種、東南アジアに一種生息しており、内三種が絶滅危惧種に指定されている。

体長は最大でも二メートル。体形はずんぐりとして脚は短い方だ。鼻は長く、短い体毛は暗褐色。マレー・バクの場合、胴の中央から後尻にかけて白い。草食性で湿地を好む比較的大人しい動物である。

しかし、昔から日本で信じられてきた貘の姿は、そのようなものではない。『本草綱目』にある、

「貘は熊に似て頭が小さく脚は短い。毛は白と黒の斑紋《はんもん》があり光沢を持つ。黄色や蒼白色の種もある」

というあたりは穏当だが、これが『和漢三才図会』やその他の資料となると、ほとんど妖獣と言ってもよい表現となる。

「(この獣は)よく銅や鉄、竹や蛇を食う。その糞は玉を裁断するほど堅い。その尿は熱く、鉄を溶かすほどである。骨や歯も堅い。骨の芯は厚いため骨髄が少なく、それを刀や斧で断とうとすると刃こぼれし、火で焼いても損なうことがない。そこで、人によっては獏の骨や歯を手に入れると釈迦《しゃか》のそれと詐《いつわ》り、舎利《しゃり》塔に納める。また獏の毛皮は敷物や寝具に用いられる。湿病(細菌性皮膚炎)や疾病《しっぺい》(機能障害)、悪気(気分不快)を除ける。よって、獏の図を描いて悪疫を祓《はら》う風習もあり、唐時代には獏の屏風が珍重されていた」(『和漢三才図会』)。

この記述の最後に出てくる唐の屏風とは、唐の詩人白楽天《はくらくてん》(白居易《きょい》)が、

「獏は、鼻が象、目は犀《さい》に似て、尾が牛、足は虎のごとし。その皮は湿気を避け、邪気を避け……」

と獏の図に讃した故事による。

『和漢三才図会』の「獏」の図。(国立国会図書館デジタルコレクション)

夢を食べるのは日本のみ

この唐時代の獏図によって邪疫を祓う風習が、拡大解釈されて、「節分の夜に獏の形の枕を用いたり、獏の絵を描き、頭の下に敷いて寝ると、悪夢をその獏が食うという風習」（『節序紀原《せつじょきげん》』）

が、我が国に広まっていった。それがいつ頃かといえば、最初の遣唐使が帰国した九世紀半ば、承和《じょうわ》年間（八三四～四八）より前のことと思われるが、公式な記録に現れるのは、室町末期大永《だいえい》年間（一五二一～二八）の頃とされる。

「睦月《むつき》（陰暦一月）に用いる宝船の絵はいつ頃から始まったのか。大永の頃、巽阿弥《せんあみ》の記録に見えるが（中略）、後水尾《ごみずのお》上皇、獏の字を書いて、木版に刷らせて……」

と江戸初期の『不忍文庫画譜《しのばずぶんこがふ》』には出てくる。その後、江戸中期以降、庶民文化華やかな頃ともなると、めでたい初夢を見ようと、一月二日に宝船の絵を枕の下に敷く行事が庶民の間にも広まり、元日から二日にかけては宝船絵を売り歩く絵売りの姿が江戸の町に多く見られたという。その宝船絵の船の帆には普通、「宝」の文字が書かれるが、代わりに「獏」の文字を書いたものもあった。もし、悪夢を見たとしても獏に食べてもらい魔を除けるというわけだ。

　とにかく日本人は、獏に大いに魔除けの効果を期待していたようだ。日本各地には、獏が登場する呪文も近年まで数多く残っていた。熊本には、悪夢除けの歌として、

「見し夢を、獏の餌食となせし夜に、あしたも晴れし、あけぼのの空」

と三度謡う風習があった。これほど難しくなくても、

「夕べの夢を獏に食わせる」

と三度唱えて、三度空に唾《つば》を吐くことも行われた。

　この三度唱えるという呪文は、九州から遠く離れた福島県にもある。

「夕べの夢は獏にあげます」

と三度唱えると、悪夢を朝までに忘れてしまうという。探せば、他の地域にも同様な言い伝えはいくつも残って

『北斎漫画』に描かれた「獏」。想像上の動物である獏を北斎はリアルに描いている。

いるだろう。

龍―霊獣の頭領

龍は麒麟、鳳凰、神亀《しんき》と並んで霊獣のひとつに数えられているが、初めは日本人に馴染みの薄いものだった。

遠く縄文時代から「倭人《わじん》」には蛇信仰が根強く存在し、同型ながら外来の龍神崇拝はなかなか定着しなかった。

古代中国では天帝《てんてい》の乗り物を引く動物とされ、早くから帝王の生誕や国家繁栄のシンボルとされてきたが、頭がラクダ、角は鹿、耳は牛、蛇体で鱗《うろこ》が鯉……といった複雑な合成動物の姿を遠い東の民である日本人に伝えるのは、かなり難しかったのである。

『日本書紀』の斉明《さいめい》天皇元年（六五五）五月一日の条に、大和と和泉《いずみ》（現・大阪府の南部）の国境にある葛城山から生駒《いこま》山に向かって、龍に乗った何者かが飛んだという記録がある。

龍はその後、住吉の丘から西に向かったというが、乗っていた人物は唐人に似ており、服装も青い唐風の上着姿であった。

これが、日本人の目撃した「龍」の、もっとも古い記録という。

この龍に乗っていた人物が、それより十年前の西暦六四五年に乙巳《いっし》の変《へん》で自害した蘇我《そがの》蝦夷《えみし》の霊だ、と人々が噂した話が『扶桑略記《ふそうりゃくき》』に載っている。龍が何か慶事の予兆として出現したというわけではなく、それどころか、中大兄皇子《なかのおおえのおうじ》らに誅《ちゅう》された蘇我氏の恨みを表す（凶兆ともとれる）記述になっている。

平安時代に入ると龍の目撃談は増えていくが、これも瑞獣としての活躍はなく、仏教説話とセットになっている場合が多い。平安京の神泉苑で空海が雨乞いの呪文を修《しゅ》すると、蛇体の善女龍王が出現し、大雨が降ったという話などは、龍が主役というより、弘法大師の法力に重点が置かれている。

現在も京都市中京区《なかぎょう》にある神泉苑は、真言宗東寺派の直轄地で、この故事以来、善女龍王が現れる場所とされている。空海の時代から少し下った平安後期、宮中の警護役である滝口の武士も、夕立の日にここで龍に出会っていた。

この時の龍は、金色に光る手が暗がりにちらりと見えただけだったが、その滝口はたちまち人事不省におちいった。時の名医丹波忠明《たんばのただあき》が、

「龍を見た者にはこの治療しかないのだ」

と言って穴を掘らせ、滝口を首まで灰に埋めて治した（『今昔物語』）。

金色に輝く龍は、金龍あるいは黄龍と呼ばれ、数ある龍の中でとくに高貴なものとされている。寛平《かんぴょう》元年（八八九）十月、宇多《うだ》天皇の即位の時には京の北西、衣笠《きぬがさ》山のあたりから黄龍が昇天した記録も残る。これほど尊いものだから、警護役程度の身分の滝口には見るも恐れ多く、その神威に耐えきれず気絶してしまった、ということになる。

と、すれば庶民というのはなんと哀れなものだろうか。

数多残る龍の逸話

しかし、時代が下るにつれて、龍は身近な存在になっていく。仏教が底辺に広がり、その絵画彫刻を誰もが目にするようになると、龍はそこら中から出現する半ば通俗的怪獣と化していくのである。

物見遊山《ゆさん》の帰り道で龍の昇天に出会った。大雨の後、崩れた裏山の洞《はら》から龍の昇るのを知った。ごく普通の民家の庭先にある池から出現するのを見た、などというのはまだましな方だ。座敷に置いてあった煙草盆《たばこぼん》の、吐月峰《とげっぽう》（吸殻を入れる竹筒）から小さな龍が昇った、という例さえある。

江戸の明和《めいわ》から寛政《かんせい》頃（一七六四～一八〇二）にかけての記事を集めた『梅翁随筆《ばいおうずいひつ》』（作者不詳）には、江戸在住のある御隠居の座敷に置いた煙草盆から、ある日、掌《てのひら》ほどの雲が湧き、小さなトカゲに似た生き物が雲に吸い込まれて消えた、という話も書かれている。これなどは諺《ことわざ》にもある、「灰吹きから龍（蛇）が出る」――わずかなことから意外な結末が生じるたとえ――をもとにした冗談の類だろうが、石の博物誌とも言うべき『雲根志《うんこんし》』（木内石亭著《せきてい》）にある話は少しグロテスクだ。

肥前国《ひぜんのくに》に龍馬石という珍石を愛好する人がいた。握り拳ほど、半透明状の石だが、時折その中に動くものが見える。この石のそばに茶碗を置くと、必ず水や茶がなくなっている。ある日、その石を置いた部屋で何となく物の気配がするので障子を開いたら、トカゲのようなものが石の中へ這い入るのを見た。これは蛟龍《こうりゅう》の一種であろう、という。

その龍馬石が、後にどうなったのか記録されていないが、『甲子夜話《かっしやわ》』（松浦静山《まつらせいざん》著）にも同様なトカゲ状の小龍の目撃談がある。

江戸時代の奇談集『奇異雑談集』にも、硯が割れ虫が出てきて、それが龍となって天に昇っていった話が載っている。(国立国会図書館デジタルコレクション)

ある武士が自宅の庭を眺めていたところ、竹垣のあたりから水蒸気が糸のように細く立ち昇っているのを不思議に思い、近づいて観察した。水蒸気は宙に十尺（約三メートル）ほど立ち、先端は丸くなっている。竹垣の脇に置かれた平石の上は直径三尺（約九十センチ）ほど濡れていた。そこにトカゲのようなものがいて、しきりに水の気を吐いている。これが蛟龍の一種であろうという。

蛟龍は初め小さなトカゲほどだが、全長三メートル以上になると角と牙を有し、風雨を呼んで天に昇るという。さらに、仏教では宮毘羅《くびら》、中国では蛟龍、日本では水の霊《ち》「みずち」と称し、小さい時は神通力も乏しいため、さほどのイタズラもしないが、巨大化すると不意に暴風雨を起こし、山や川を覆し、通った道筋は、跡に一物も残らない裸地となるとされている。

次は『甲子夜話』の中の一節である。

「予（平戸《ひらど》藩主松浦静山）の家臣で身分の低い者が、小舟に乗って夜釣りを楽しんでいたところ、月明りの中に浮かんでいた陸地の山々に突然、雲が湧き出した。その雲の中に白い鱗のようなものがきらめき、黒雲が東北《うしとら》の空を覆うと、風雨が強くなり、海が荒れた。しばらくして嵐は収まったが、雨が降ったのはその東北の海だけで、西南には一滴も降らなかった。予が思うにこれは蛟龍の仕業であろう」

肥前松浦家は、その先祖が海賊で、代々主従ともに航海や天候の知識が豊富だった。その家の主人がこう書いているのだから、これも怪奇現象のひとつなのだろう。なお、同書には実際に手足も鱗もついた龍を、水中に目視した話まで記されている。

ある僧が肥前武雄《たけお》の山中の湖を覗《のぞ》いた時、底に白龍がどっしりとわだかまっているのを見た、というのだ。この水底にわだかまるという龍のイメージは、江戸後期の医師で旅行家の橘 南谿《たちばななんけい》の『東遊記《とうゆうき》』にもある。商家の手代が船で越後の海を渡る途中、海底に黒々と巨大な龍がトグロを巻いているのを見て、怖気づいたという証言だ。

アメリカの龍の目撃談

同様な話は、外国からの報道にも見ることができる。明治十九年（一八八六）十二月十五日付の『郵便報知新聞』の中に、「英国新聞紙に拠《よ》れば」として、「今を去る八年前明治十一年の八月二十九日、（キャプテン）プラット氏は測量局の附属船に乗してコッド岬（アメリカ北部ハドソン河口）の辺を測量し、レース、ポントと云える処に投錨《とうびょう》（中略）図らずも本船を去る凡《およ》そ二百間（約三百六十四メートル）ばかりの処（海中）に一個の怪物蠢《うご》めき居るを看《み》つけたり」

この記事の続報には、

「プラット氏は流石《さすが》に虚報を伝えて他日の物笑いとならんも口惜しと更に眼を注ぎて仔細に彼《か》の怪物を観察したり。（中略）プラット氏は怪物の背に長さ凡そ一丈五尺（約四・五メートル）のヒレあることを看つけたれど、口と目をば見出すこと能《あた》わざりしが、怪物の色は全体に茶褐色なりと云へり」

とあり、測量局の職員だけに、怪物に対して詳細な観察を行っている。江戸期の一商人の手代では、こうはいかなかったろう。

龍は龍でもこれなどは、水中に生息する未確認生物、恐竜・海蛇《かいだ》の目撃談である。

白龍の縁起話

さて、東洋型縁起獣としての「龍」の話に戻ろう。中国の龍は、「三停九似《さんていきゅうじ》」の相があるという。

中国の人相学では生物の顔を上停・中停・下停の三つに分ける。上停は頭の毛の生え際から眉の位置、中停は眉の下から鼻の頂点まで。下停は鼻の下から顎《あご》までを言う。上停(天才)は貴さを、中停(人才)は寿命。下停(地才)は富を表す。龍の相はその三停のバランスがもっとも良く、そのために生物の頂点に立つのだとされる。

また、その声は怒れば金鉢《こがねのはち》を叩くがごとく、常の声は竹筒を吹くがごとし。春は天に昇り、秋に地へ降る……。

龍の思想が中国から流入した直後は、頭に長い髪があり、口も大きく反って一本角だった。しかし、鎌倉後期から禅宗の影響で少しずつ表情が変わり、指(爪)が三本(皇帝の龍は五本)、二本角で顎の下に逆鱗《げきりん》(触れると激怒する鱗)を有するなど、和風になっていく。

それだけに、

「今日吾々が龍としてイメージするのは殆んど桃山時代以降の龍の表現のもので、神韻縹《しんいんひょう》渺《びょう》(神々しくはっきりしない)としておもむきは少ない」(『龍—神秘と伝説の全容』笹間良彦《よしひこ》著)と思う人も多い。

龍は、見るだけではなく、その物語を読むだけで縁起が良いとされている。『甲子夜話』に収録されている、ある僧が武雄の湖底でわだかまる龍を見たという話（「白龍観記」）を現代語訳で記しておこう。

「愚僧が武雄の宿に着いて温泉に入り、つれづれなるまま宿の西方を散策していた時、周囲絶景の崖下《がけした》に水が湧き、その美しさに手で水をすくって飲んだ。その時、水中に蠢めくものがあり、よく見ると、白龍だった。二本の角、首にはたてがみがあり、口の端には髭、鱗もはっきりと見えた。瞳は豆粒のようで黒く、池の底に足を踏んばっていた。顔は約二十五センチほど、体長は三メートル以上もあるようだが、全て見ることはできなかった。自分と龍の距離は一メートルもない。しかし、その顔は穏やかだった。愚僧は伴《とも》の者を呼んだが、それが来る前に龍は消えた。宿に戻って主人に語ると、『それはあの山の神でしょう。その姿を見た者はあまりいません。あなたは幸運です』と言われた」

この話の証言者である僧は、後に白龍仙人と称した。現在も長崎の近辺に白龍を祀《まつ》る祠《ほこら》がいくつか残るのは、これが基であるという。

鳳凰―瑞兆の王

鳳凰は美しい鳥として、古代から親しまれ、「神鳥」とも呼ばれている。羽は五色に輝き、背は亀、ツバメの首筋、雉《きじ》のクチバシを持つ。

東方の君子の国に住み、この鳥が出現すると世は泰平《たいらか》になるとされる。

主に竹の実を食べ、梧桐《あおぎり》の生える森に住む。我々がよく知る花札の桐に鳳凰の図柄は、この伝説から来ているのだろう。五色の羽は『論語』にある五つの徳、温・良・恭・倹・譲、あるいは五行説の木・火・土・金・水を表している。

もともとは、西域からインドに伝わったフェニックス伝承が、中国へ渡ってこのような霊鳥に生まれ変わったのであるが、なぜか「東方の君子の国」たる日本に、「出現」の記録は残っていない。書物などに書かれているこの瑞鳥に対する日本人の知識は、インドの仏教説話にある伽陵頻迦《かりょうびんが》か、中国神仙説話の鳳（雄）凰（雌）の物語を焼き直したものばかりなのだ。

花札に描かれた「桐に鳳凰」の図。

だが、出現しないことが、逆に強烈な願望を生むらしい。日本人は鳳凰を求めるあまり、天皇の御衣や寺社の装飾にその姿を写した。また、江戸時代に入ると、鎖国下にありながら鳳凰に似た美しい鳥を苦労して輸入し、見世物にしている。

当時、南方の国々から伝わった孔雀《くじゃく》や鸚鵡《おうむ》に交じって「鸞《らん》」という鳥があるが、羽が五色で外見も鳳凰に似ていることからこれも同種の霊鳥として、江戸両国の見世物小屋では、一目見れば長寿、二目見れば金運もつくと盛んに客を引いた。『和漢三才図会』には、「近世になって渡来したもので、大きさは孔雀より小さく、しかし雉より大きい。頭は紫がかった灰色で、後頭部に羽毛が突き出している。首筋も紫色で黄色が混り、腹には黒っぽい

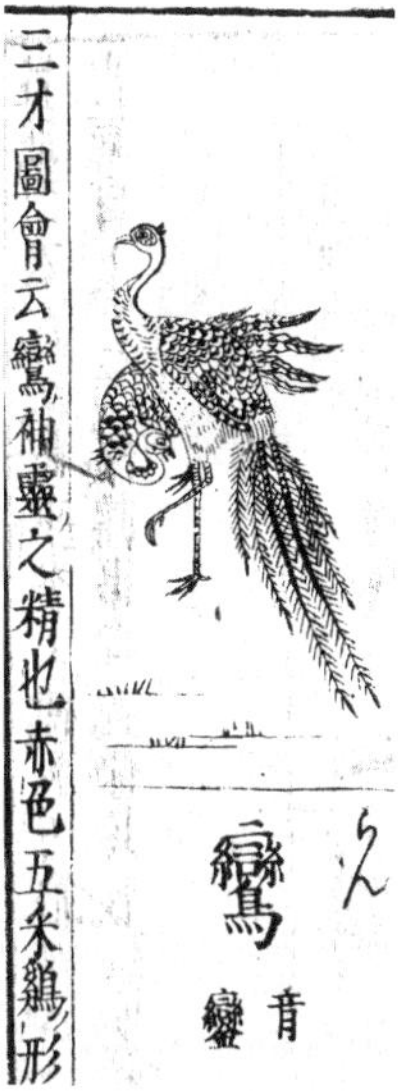

『和漢三才図会』の「鸞」の図。(国立国会図書館デジタルコレクション)

灰色に似た赤い色が混る。背は濃い青で、青地に赤の小紋があるものも見受けられる。尾羽は四尺から五尺（約百二十〜百五十センチ）もある」と記されている。どうも筆者の寺島良安は実際にこれを見たことがある様だ。

研究家の推測では、これはメキシコ南部からパナマまでに広く分布するキヌバネドリ科の特徴に一致し、とくにグアテマラで国鳥に指定されている「ケツァール」に酷似するという。

ケツァールは、中南米の古代王朝でも王権の象徴、その出現は国家安泰というからまさしくこれも瑞鳥に違いない。この「鸞」を持ち込んだのは長崎のオランダ人だろう。彼らは、日本人の物見高さと縁起物好きを利用して、ボロ儲けしたのである。

騰黄—狐に似て非なる瑞獣

騰黄《とうこう》は全体の姿は狐にそっくりだが、尾が胴の三倍近くもあり、肩先には炎を出し、背には二本の角を持つ。

この霊獣は、ほとんど知られていないが、宮中では皇室を守る神として大事にされている。たとえば、天皇の御座所の御帳台《みちょうだい》の上に張り渡された布（帽額《もこう》）に騰黄が描かれ、また、即位式に用いられる高御座《たかみくら》の帽額にも同様の図が付けられる。

まず庶民に縁のない霊獣だから、資料も乏しいが、幕末期の大坂で活躍した戯作者暁 鐘成《あかつきかねなり》の『雲錦随筆《うんきんずいひつ》』は、これに触れて、「この神獣は日本の神世の頃から二千年も当地に棲んでいたが、中国に渡って帝王の乗物となった。それが中国古代最初の皇帝、黄帝の時代である。黄帝は、騰黄へ跨《またが》ることによって、初めて人に騎乗ということを教えた。中国の文献に黄帝八歳の時、龍に乗って天下をまわったとあるが、実はこの騰黄へ乗ったことを間違えて伝えているのである。日本では天皇即位の時に、紫宸殿に張らせる獣形帽額にこの騰黄の図がある。他の史書には、乗黄・飛黄・古黄・翠黄などとあるが、いずれも騰黄のことである。騰黄の年齢は三千歳。一日に万里を行く。また騰黄に乗る者も二千年の長寿を得るという」

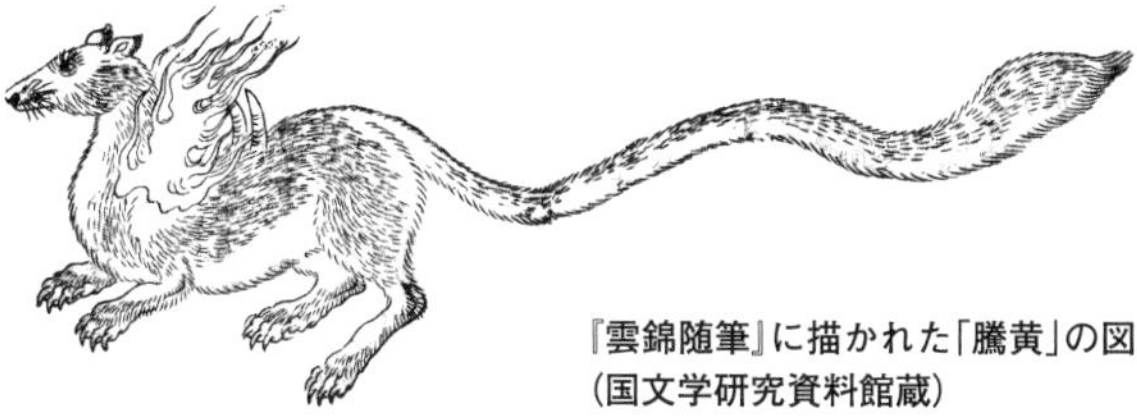

『雲錦随筆』に描かれた「騰黄」の図。
（国文学研究資料館蔵）

とある。本邦最高の漢字解読書『字通』（白川静著）によれば騰とは上る・昇る・超える・高まる、黄は地の色、黄帝を表すというから、まさに、この霊獣は文字の上からも帝王の乗物であることがわかる。

狛犬—聖なる場所を守る瑞獣

神社の入り口に魔除けとして置かれている狛犬《こまいぬ》は、日本人にとって身近な縁起物である。今さら「瑞獣」などと表現するのも妙な話だが、その発生について調べていくと諸説あり、思いのほか奥が深い。

一口に「狛犬」と呼ぶが、一対の像であっても古い時代では、向かって右の口を開けた阿形像《あぎょう》が獅子、向かって左側の頭に一角が付き口を閉じた吽形型《うんぎょう》の像を狛犬と呼んでいる。天皇の昼の御座の布（帳《とばり》）を押さえるのに用いる木像も、獅子狛犬と称する（ただし、宮中では左が獅子、右が狛犬）。

また、その発祥についても、西アジア地域の宗教施設にあった獣型神像が、中国・朝鮮半島を経て、日本に渡来した説と、東南アジアの獅子像信仰が南方から入ったという説が併存し、後者の場合は、沖縄に伝わるシーサーがその根拠になっている。さらに近年では、時代をはるかに遡《さかのぼ》り、古代エジプトのスフィンクス起源説まで飛び出して、今や諸説噴出の賑わいだ。

いずれにしても狛犬という「瑞獣」信仰は、古代の倭国に存在せず、その渡来時期も仏教の伝来以後、と考えた方がよいように思われる。

狛犬の癒し効果

材質から見ると、初期の狛犬はほとんどが木造だったが、時代が下るにつれて石像、鋳造の像が現れ、焼き物の産地では陶器の像も作られるようになっていく。

それとともに形も少しずつ変化し、江戸時代へ入ると、右に雄、左に雌を配した雌雄同型が普通となった。材質も石材が多用され、毬《まり》にじゃれつく姿や子を連れた形など可愛らしいものも作られる。さらには、巨石を組んで崖を造り、子を千尋《せんじん》の谷に落とす獅子の故事を表したダイナミックなものまで出現した。こうなるともう「狛犬」は、犬と称していても、姿・内容ともに完全な「唐獅子」である。

そうしたバリエーションの豊富さは、神社巡りの楽しみのひとつともなり、最近では変わった形の狛犬を探してきてSNSに画像をあげるマニアも増えている。

神社の格、制作年代に見える造形の差もさることながら、石工や鋳物師の技量によっても味わいの異なるのがおもしろい。田の中の小さな村社や海辺のわびしい古社に思いもかけず素朴で愛嬌のある像を見つけると、心の洗われる思いがする。この癒し効果が狛犬の存在意義のひとつなのだろう。

なお、寺社によっては獅子型、犬型と違う動物を置くところも多い。武州三峯《みつみね》神社（埼玉県秩父市）や御嶽神社（東京都青梅市）の山犬（狼）、調《つき》神社（埼玉県さいたま市浦和区）の兎、摩利支天の猪などが有名なところだが、これもひとくくりに狛犬と呼ぶことがある。神社本庁などは「神使像」と呼ぶよう厳格に指導しているという。そこまで小うるさく言うことはないと思うのだが……。

幕末宮中の狛犬奇譚

と、ここまでは狛犬の造形由来である。これだけでは芸もないので、何か瑞獣に絡む怪奇譚のひとつも書き添えたいところだが、不思議なことに、こと狛犬に関してはどこを探してもそういう資料が見つからない。

たしかに、江戸下谷《したや》の古社で、夜な夜な台座から降りた狛犬が戯れる姿を目撃した、という話も残っている。しかし、これは狛犬の霊威と言うより、名人である石工の技量を示す物語らしい。左甚五郎《ひだりじんごろう》の彫った寛永寺の柱の龍が毎夜、不忍池の水を飲みに出る類のものだ。

辛《かろ》うじて幕末、御所に仕えるさる人が残した『思ひの儘《まま》の記』に、こんな話が見つかった。

嘉永七年（一八五四）四月六日の昼。京の御所から火の手があがった。火元は前《さき》の新清《しんせい》和《わ》院の旧宮芝御殿。

この日、孝順《こうじゅん》院という女官に仕える召使いの女が、庭の梅の木に付いた虫を焼こうとして小枝を燃やしていた時、その火が御殿の屋根に飛んだ。折り悪しく数日来、晴天続きであったから、たちまち火は内裏《だいり》の各所へと燃え広がった。

帝の御座も危うく見えたので、公卿たちが立ち騒ぎ、至急御立ち退きを奏上したが、時の帝、孝明《こうめい》天皇は首を縦に振らない。

この天皇は異様なまでの夷狄《いてき》（野蛮な異民族の意）嫌いだった。前年、ペリーの来航があり、市中には不穏な噂が流れている。浦賀に来た黒船が、当年は大坂にもまわる。異人が上陸し、京に進んで乱暴を働くというものだ。天皇にとって御所の外は、そうした鬼人のごとき夷狄が跋扈《ばっこ》する地獄にも思えたのかもしれない。

しかし、未《ひつじ》の刻（午後二時頃）になると、御殿の中にも煙が充満し、息もできぬ次第となった。ここにいたって孝明天皇もついに出御する旨を公卿たちに伝えた。非常用の板輿《いたごし》で避難所に定められた下鴨《しもがも》神社に向かうこととなり、公卿殿上人《てんじょうびと》は御輿の脇に付き従う。

そのあわただしさは、天子の印である剣璽《けんじ》（御剣と玉璽《ぎょくじ》）を持たずに出御したことでも察せられる。奉持役である公当内侍《こうとうのないし》が剣璽を取り出して絹の布に包み、醍醐三位《だいごさんみ》と橋本中将に手渡しすると、二人は下鴨神社に走って、ようやく御輿の中に納めることができたという。

御所から上る黒煙は市中にも流れ出し、周辺の公卿屋敷では家財を荷車に載せ始めた。

そんな屋敷のひとつ、一条家の玄関先に、忽然《こつぜん》と一人の男が現れた。五位の殿上人の装束を着け、両腕に重そうな包みを抱えている。包みの布は、夏の御几帳《みきちょう》に用いられる生絹であったという。

「これは、清涼殿の御座に置かれていた魔除けの獅子狛犬である。建武《けんむ》の頃から伝わる由緒ある品ゆえ、火災に遭うのも不憫《ふびん》と思い、こうして持ち出した。当家で一時お預かり願いたい」

応対に出た一条家の家人が、

「さて、当家でお預かりしてもはたして無事に保てますものか。こちらもただ今、避難する用意をしております」

と、その五位の人は首を横に振った。

「いやいや、火はこちらにまわらぬ。御当家は無事であろう」

なぜか断言して出ていった。たしかに直後、風向きが変わり、火勢も衰えた。

一条家では鎮火の後、預った獅子狛犬を仮御所に戻し、これを持って来た五位の人を尋ねたが、誰もそのような人物は知らないという。魔除け像が置かれた昼の御座の南では、天皇が「大床子《だいじょうじ》の御物《おもの》」という正式の食事をとる。その給仕は五位の侍臣が行う慣わしなので問い合わせたが、そこにも誰一人心当たりがなかった。

「不思議なことである。これは数百年を経た古物の霊が、かような奇瑞をあらわしたのであろう」

と、御所の人々は語り合った、というところでこの物語は締めくくられている。

第四章　病にかかわる不思議な生物たち

アメリカ狐とコレラ

狐は獣類の変化を語る時、欠かせない大物役者ともいえるが、コレラや赤痢《せきり》除けに活躍した、という話はあまり聞かない。

「疫病除け絵の弾圧と復活」（五十一頁参照）に出てくる葛西金町半田《かさいかなまちはんだ》稲荷の使い神は、子供の疱瘡《ほうそう》・はしか封じの際、わずかにその威力を発揮する存在だった。逆に言えば、それだけ庶民の日常生活に密着した「巷《ちまた》の神々」のひとつだったのである。

が、しかし、幕末の資料には、国家の重大事に決然と立った狐もいたことが記録されている。

浅草阿部川町《あべかわ》（現・東京都台東区元浅草三・四丁目）の専右衛門《せんえもん》という商人の使用人に、音次郎《おとじろう》という者がいた。彼の妻ふゆは近所の木綿屋《もめん》で下働きをしていたが、万延《まんえん》元年（一八六〇）八月十七日の五ツ刻（午前八時）、音次郎のもとに木綿屋から使いが来た。彼の妻が背や脇腹の痛みで家に戻ったというのである。専右衛門から休みをもらった音次郎は、あわてて家に帰った。ふゆは布団に臥《ふ》していた。医者を呼ぼうとする夫に妻は、医者は無用、痛み止めの薬もいらない、ただ、食事をとりたいという。音次郎は意外に思った。彼女は音次郎と朝食をとって働きに出た。それから一刻（二時間）ほどしか経っていないのである。

しかし、音次郎はふゆのために食事を作り、寝床に運んだ。ふゆは黙々とそれを食べるばかりで、なぜか身体の痛みを訴えない。不審に思った音次郎が問うと、ふゆはガラリと口調を変えて言った。

「このたび、アメリカ国の密命によって、彼《か》の国より千匹の狐がやってくることになった。これは神奈川在陣のアメリカ兵へ加勢する狐である。この千匹がいかなる働きを見せるのか、我ら薩摩《さつま》の狐も見届けねばならぬとて、夜に日をついで数百里の道のりをやってきたが、空腹で動けなくなった。仕方なく汝《なんじ》の妻に取り憑《つ》いたが、決して命に及ぶことはしないので、有り合わせの食べ物をいただきたい」

妻に狐が憑いたことに驚いた音次郎は、狐の言うままに二食、三食分の飯を炊いて与えた。妻のふゆは出された大量の食事をすべて平らげ、すぐに眠ってしまった。

その後、日も落ちかけた暮六ツ（午後六時過ぎ）頃、布団を蹴ってふゆは立ち上がり、家から歩み出た。音次郎が後を追うと、ふゆは近所の八軒寺町《はちけんてらまち》に足を踏み入れた途端、路上に倒れた。抱き起こしてみると、腰が定まらず、まるでコンニャクのようにゆらゆらしている。音次郎はふゆを担いで帰り、いろいろ手当てした結果、妻はもとの身体に戻ったが、自身は狐が憑いたことは全く知らなかった。同年八月二十四日、この一件は、名主の喜兵衛《きへえ》から月番の町年寄に届けが成されたという。

この話は佐竹藩士井口宗翰《いのくちそうかん》の『寛斎雑記《かんさいざつき》』に「アメリカの狐」という題で収録されている。

万延元年は、幕府遣米使節がアメリカに向かい、また、桜田門外で大老の井伊直弼《なおすけ》が暗殺された。開港地では外国人殺傷事件が頻発する。庶民の間にも異国に対する警戒感が生まれていた。彼らが恐れていたものは武力よりも、外国人の持ち込む正体不明の疫病だった。

錦絵・瓦版は、ここぞとばかり不安材料を列挙して噂をあおりたてた。「千年モグラ」という凶悪な地底生物や、アメリカ上陸軍を陰で守りつつコレラを蔓延《まんえん》させる「アメリカ狐」の噂は、人々を震えあがらせた。

この時、現れたのが攘夷《じょうい》の狐、というわけである。

ここで「薩摩」の名が出たのは、その数年前に死去した薩摩藩主の島津斉彬《しまづなりあきら》の記憶からではないだろうか。アヘン戦争以後、隣国の清が欧米に侵蝕されていく状況を見て危機感を抱いた斉彬は、数々の改革を行い、その志半ばで倒れた。日本人は昔から、こういう英雄の早すぎる死を、「ご無念さま」「残念さま」と呼んであがめることが多い。その流れで遠国《おんごく》薩摩から異国狐の調査に来た健気《けなげ》な狐、という発想が生まれたのかもしれない。

それにしても、この後、ふゆの身体を離れて神奈川を物見したであろう狐は、無事薩摩に戻れたのだろうか。恐らく彼は狡猾《こうかつ》なアメリカ狐たちに正体を見破られ、闇から闇に葬られてしまったと思われる。なぜならその後も外来の疫病は猛威をふるい、日本人は対策に苦慮し続けるからだ。

管狐という幻獣

「アメリカ狐」とコレラの関連性については、当時の人々も、あれこれ考察している。

まず、管狐《くだぎつね》というものについて書いていこう。『名言通《めいげんつう》』(服部宜《ぎ》著)という本には、管

三好想山『想山著聞奇集』より「管狐」。これによれば、成猫ほどの大きさで顔も猫のようだが、大きい狐の尾がついている、という。

狐は極小の狐で霊力が強く、信濃国《しなののくに》（現・長野県）伊奈郡に多く生息する。上野国《こうずけのくに》（現・群馬県）南牧村《なんもく》にも尾裂・尾崎なる、尾が二筋に分かれた狐がいるが、これも管狐の一種であるという。この狐が人に乗り移ると精神が錯乱する。

また、『秉穂録《へいすいろく》』（岡田挺之《ていし》著）によれば、普通の――と言うのも妙な話だが――狐憑きと違って他の食物を嫌い、生味噌ばかり口にするようになるので、管狐憑きであることがわかると説かれている。

これらは、ある種の行者《ぎょうじゃ》が竹の管に入れて（だから管狐と言う）飼い、祈禱《きとう》に活用するのだが、求められるままに狐を取り憑けて苦しめ、呪い殺すこともある。

管狐に憑かれた人の身体をよく観察すると、皮膚と肉の間に瘤《こぶ》のようなものが見える。これは管狐のひそんでいる場所という。

江戸時代後期の医師の伊藤尚貞は、外科手術によって管狐を追い出す名人とされた。そのやり方というのが、「患者」の指先、胴、足などを縛って針を刺し、瘤を移動させていく。身体の中の、命にかかわらぬ部所に追い詰めて切り開くと、丸い毛玉のようなものが皮膚の下から現れる。これが管狐の精気が凝り固まったものだという。

毛玉は急ぎ酢へ漬けて殺さねばならない。その後、患者の家を探れば、必ず狐の死骸《しがい》が見つかるという。

まるで、皮膚の下に蠢《うごめ》く線虫類を捕捉する寄生虫学者のような手技だが、この瘤に注目したのが、昔のオカルト研究家たちである。

狐 VS. 狼

コレラの症状は嘔吐《おうと》や激痛、発熱ばかりではない。皮膚が黒く変わり、全身の各所に瘤状のものができる。この「瘤が膨らみ、即座に死ぬ」という部分が、管狐の憑依《ひょうい》に似ているところから、異国の伝染病―瘤―管狐―アメリカ狐の侵略といった具合に考えが飛躍していったと思われる。

江戸やその近在の人々は知恵をしぼり、あることを思いついた。三峯様《みつみね》こと、秩父《ちちぶ》三峯神社の護符である。

秩父三峯神社の護符は古来、火伏せ・盗賊除けの他に憑き物落としの効験があるとされてきた。江戸は、日本武尊《やまとたけるのみこと》を祀《まつ》る武蔵国の山岳信仰が盛んで、町内ごとに講も組まれていた。

その護符に刷られていたのが、山の神のお使いである狼だったのである。太い尾と漆黒の体毛、耳元まで口が裂けたその絵姿の前には、悪質な野狐もひれ伏すとされている。

この狼の護符は別名、大口真神《おおくちのまがみ》、御眷属《ごけんぞく》とも称され、御眷属一疋（一枚）を戸口に貼れば、周辺五十戸を守ると信じられてきた。文政《ぶんせい》八年（一八二五）十二月には、御眷属が五千匹に増えた祝いが同社で行われたという。

やがて相模国《さがみのくに》（現・神奈川県）から遠くは下野国《しもつけのくに》（現・栃木県）にまで信仰は広がり、護符以外にも狼の頭蓋骨《ずがいこつ》を珍重する風習が起こった。これは主に、疫病除け（憑き物除け）

として病人の枕元や家の梁《はり》などに置かれ、時に骨を煎《せん》じて飲んだりもした。

安政《あんせい》五年（一八五八）のコレラ蔓延《まんえん》時、下野国麻苧《あさう》（現・鹿沼市）でも、三峯神社の御眷属を迎えて「妖病退散」を祈る一社を建てることになった。翌年、その御眷属が麗々しく到着したが、同日、妖しき獣の死骸が発見された。記録には、

「獣の形、猫子のごとくにして毛剛く、爪堅く誠に珍獣なり」

とあり、その注に、

「世にこれオキ狐（オサキ、クダ狐）なりと」

とある。コレラのもとである管狐が、三峯神社の眷属が来た日に死んだことは、

「霊験の顕著なる、実に驚愕《きょうがく》すべし」

として近隣の住民は、真新しい神社に群がり集まったという。

狼と日本人

関東の山あいでは、もともと狼は身近な存在だった。夜中、常ならぬ遠吠えを聞けば狼の出産と称して翌朝、御産見舞いの酒や食物を山に置く風習さえあった。相模国津久井《つくい》郡

の狼は、御産見舞いの返礼として山の鳥獣を咥《くわ》えてくるという。また、三峯村では狼の安産にあやかって女性たちが御犬祭（子安祭）を催すと、山中の雌狼もこれに応じたと伝えられる。

なんともほほえましい人と狼の交流譚《たん》だが、そんなやさしい狼ばかりではない。

狼は元来、肉食獣であり油断すると、即座に人を食らうものだった。

俗に「送りオオカミ」と称し、山道を行く人間を尾行し、隙《すき》を見ては襲ってくるのだ。この他にも、全国各地に狼に関する不思議な話が多く残っている。たとえば、山中で食事をした時、即席で作った木箸を折らずに捨てると、必ず追って来て取り憑く。また、狼を知らぬ人に冗談でその姿を見せると言うと、家の中に忽然と本物が現れるというのだ。

奈良県の吉野地方では、山道で人が転ぶと送り狼は即座に襲ってくるので、転んだ時は必ず「休む」と声をかける。無事家に戻っても油断せず、草履《ぞうり》の片一方を投げてやらねばならない。

前頁にも出てきた津久井では、送り狼の前で帯を解いて陰部を露出すると、尾籠《びろう》な仕草を嫌う狼は辟易《へきえき》して去るという。そこまでせずとも、下帯の端を長々と垂らし引きずって歩けば、その帯の先より前には近づいて来ない。

富山県東砺波郡《ひがしとなみ》では、山仕事の心得として、「儀唐」と朱で書いた紙を身につける。この字を恐れて狼ばかりかイノシシも近寄って来ないとされた。

狼には「送りオオカミ」より恐ろしい行為も伝えられている。『和漢三才図会』には、「狼は人の死骸を見るとすぐには食らいつかず、まずその上を跳び越え、尿をかけ、後にゆっくりと食らう」とある。狼は生きた人間の頭上を跳び越すことがあり、その場合も「邪力」によるものか、跳び越された人は長く生きることができないという。これを防ぐには、男は煙管《きせる》や小刀などの金属製品を、女は銀の簪《かんざし》を頭上に置けば難を逃れるという言い伝えが兵庫県北部城崎《きのさき》一帯に残っている。銀製品が魔を除けるというあたり、東ヨーロッパの狼男伝承に似ていて興味深い。

しかし、これほど恐れられ、また崇拝されてきた狼たちも、明治以降、害獣駆除の対象となった。また洋犬が持ち込んだジステンパー、狂犬病、南アジア型フィラリアといった病の拡大で急速にその数を減らしていく。

疫病を払うはずの狼族が、外国由来の疫病に打ち払われてしまったのである。

定説では、明治三十八年（一九〇五）、最後の一匹が捕獲されてニホンオオカミは絶滅した、とされている。

だが、現在もその生存を信じる者は多く、狼の護符を戸口に貼る家庭もまた多い。

疫病を払う巨木と常陸坊

江戸の物流は、そのほとんどを河川に頼っていた。中でもとくに利根川水系は重要で徳川幕府も水運の便をはかるため、この大河に大改修を施した。初め江戸湾に流れ出ていた利根川は、下総《しもうさ》・常陸《ひたち》の水郷地帯を抜けて銚子から太平洋へ注ぐようになり、東北各藩の米や鮮魚、地場の生産品である醬油や野菜が逆のコースをたどって江戸に流入した。

それとともに、この水系に古くからあった信仰も武蔵・相模一帯に広まっていった。水運業者によって、それらの情報が拡散されたのだろう。

八代将軍吉宗の改革が進む享保《きょうほう》十二年（一七二七）。江戸で、「あんばさま」「大杉囃子《おおすぎばやし》」という舞が、突如大流行した。

〽それ、大杉大明神、病魔を祓ってよーいやさ

あるいは、
〽あんばの方から吹く風は、疱瘡軽いと申します
と唄いながら赤い着物に天狗《てんぐ》の面をつけた舞人が、笛や太鼓に合わせて踊り狂うというものだ。町奉行所はとくに禁令を発しなかったが、その元を調査させた。結果、彼らの言う「あんばさま」とは、常陸国安婆嶋《あばのしま》（現・茨城県稲敷市《いなしき》阿波《あば》）、阿波本宮大杉神社の御神木を指していることがわかった。
遠く天平時代の神護景雲《じんごけいうん》元年（七六七）、大和国《やまとのくに》から来た勝道上人《しょうどうしょうにん》が、当地にあった杉の巨木に奈良三輪明神《みわみょうじん》の神霊を勧請《かんじょう》し、蔓延する疫病を防いだ、という由緒を持つ神社だった。
この杉の木は水辺にあり、古くから船を操る人々にとって、水上の位置測定に利用されてきたのだが、平安末期、巨木に憑く天狗の信仰が始まり、さらにその天狗が源義経の家臣で、不死身の法師武者・常陸坊海尊《かいそん》の伝説と合体すると、大杉大明神は独特の信仰形態を持つにいたった。
一方に疱瘡神や赤痢を防ぐ防疫神、もう一方に航海安全、豊漁を約束する水神の性格を

持つ聖樹神となったのである。その形は天狗として示現《じげん》するが、両者は同体とされた。

地元の祭礼の際は神社から天狗面が貸し出された。

疱瘡流行ともなると、人々はその天狗面（神面と称した）を神社から借り受け、派手な衣装をまとって踊り歩いた。享保十二年、江戸で起こった「あんばさま」踊りもこの形を真似ていたのである。大杉神社の由緒書きによれば、鎌倉時代、大杉神社の別当寺である安穏寺《あんのんじ》に隠れて修行する常陸坊海尊が、疱瘡によって村人が難儀するのを見兼ねて、

「枕元に置いて病魔を払うべし」

と、神面を貸し与えたところ、たちどころに平癒した。以来、地域では諸々の病が出る春先に面を掛ける行事が定着したとある。

常陸坊海尊の不死伝説

この天狗――常陸坊海尊についても、少し触れてみよう。

源義経の家人には来歴不明の者が多いが、海尊もその一人だ。元は弁慶と同じ比叡山延《ひえいえん》暦《りゃく》寺の僧、あるいは比叡山と敵対する園城寺《おんじょうじ》（三井寺《みい》）に僧籍があった、と伝えられる。

文治《ぶんじ》五年（一一八九）奥州衣川《ころもがわ》で義経が自害した時、海尊は朋輩の家人十一人と寺詣でに出かけていた。主君の死に間に合わなかった彼は、その後、各地を逃げ回ることになる。『清悦物語』によれば、彼が逃亡の途中に出会った山伏から「赤い魚」を貰って食べ、長寿を得た。また『本朝神社考』（林羅山《らざん》著）には、クコの実の混ぜ飯を好んだため不老不死になった、と書かれている。

不死身となった海尊は、主君を見殺しにしたという恥を背負い、その贖罪《しょくざい》のため皮肉にも長い年月、各地を放浪せざるを得なくなったのである。こうした悲劇の不死伝説は、神を呪ったために罰を受けて航海を続ける『さまよえるオランダ人』など、海外にもその例は多い。だが、海尊の場合は、鎌倉・室町・戦国・江戸と各時代に姿を現し、ついには人助けの天狗と化す。考え様によっては、衣川で死んでいった義経や弁慶などより、その何倍も彼はダイナミックな人生を歩んだと言えよう。

江戸後期、人や物資の移動がそれまで以上に盛んになり、同時に疫病の広がりも顕著となると、阿波大杉神社のあんばさまも、北関東ばかりか、遠く岩手のあたりまで勧請されるようになった。

歌舞伎の舞台を写した芝居絵。演目は『勧進帳』と思われる。右上が、関三十郎が演じる「常陸坊海尊」。(早稲田大学演劇博物館所蔵)

地域によっては神輿《みこし》の他に、船へ屋台をしつらえ、その上で祭りのお囃子や踊りを催したり、杉の葉を集めて巨大な人形を作り、ここに天狗の面を掛けて村内の安全を祈るところもあった。

前者は、大杉神社が航海安全の神であった頃の姿を濃厚に残し、後者は、悪疫を村の境で止める藁《わら》作りの賽《さい》の神「カシマさま」「草仁王」との融合がうかがえる。

現在でも栃木県中央部に住む古老の中には、天狗の面を見せると、反射的に、「あんばさま、あんばさま、悪魔祓ってよいのよいのよい」と唱える人がいるという。あんばさま天狗は、今も変わらず防疫神としての地位を保ち続けているのである。

鰯—病除けの魚

「イワシの頭も信心から」などと言うが、災厄を除けるアイテムとして、この小さな食用魚を用いる風習は、日本全国で広く見かけられる。

近海で大量に採れる鰯《いわし》は、古くから人々に親しまれてきた。また、鰯油から不快臭が発生するため、その臭いを用いて魔除けする考えも生まれた。とくに知られているのは、節分の夜、鰯の頭を、これも厄神《やくじん》が嫌う棘《とげ》のついたヒイラギに刺して戸口に置く習わしだ。

愛知県の一部ではこれを飾る時、

〽何焼く、彼焼く、イワシのカブ焼く

と唱え、これを病除けの唄とした。

この鰯の唄は、群馬県利根郡にもある。ふたつの鰯の頭をふた股に分かれたヒイラギの枝に刺して、

〽茶の虫の口焼きトット、豆の虫の口焼きトット……

と唱えて作物に付く虫を呪い、鰯の頭に唾をかけた。それから囲炉裏《いろり》の火であぶり、畑に立てる。こうすると、虫害の発生を防ぎ、虫が運んでくる病魔も防ぐという。

そのうち鰯は、農害や疫魔以外にもきく、万能の妙薬としての性格を見せるようになる。鳥取県八頭《やず》郡では「エゴサシ」と言い、山から降りてきて里を徘徊する魔を除ける。また、石川県鹿島郡では、戸口に置けば天狗に見舞われることがないとされる。

長野県の南部、下伊那《しもいな》では皮膚病（潰瘍）で死ぬ者は、看取った者に害をなすとされ、

これを防ぐために死者に鰯を咥えさせて埋葬したという。

同じく南信濃で筆者が聞いた話では、明治の頃、天龍川沿いに上って来た行商人風の男が、難儀しているのを見て宿を貸した家で、干し鰯を食べさせたところ、大いに喜び、自分が災神の前触れ役であると告げて、

「鰯の宿」

と戸口に書いておくと、家は災厄から逃れたという。

『人倫訓蒙図彙』には節分に家々をまわる「厄払い」の図が描かれているが、家の戸口にヒイラギの枝に鰯の頭を刺したものが描かれている。(国文学研究資料館蔵)

岩魚の厄神伝説

同様の話は鰯以外にもある。福島県南会津《あいづ》郡の檜枝岐《ひのえまた》では「清次《せいじ》宿」と書けば疫病にか

からないと伝えられる。ある時、旅の老人に岩魚《いわな》を乞われた清次が、快く食べさせてやると、老人は自分が厄神とあかし、清次の名を書いておけば災厄を逃れられると教えて去ったという。

これは『備後国風土記』に記され、全国に広まっていった蘇民将来《そみんしょうらい》伝説と同じ、疫病報恩譚であろう。

その昔、北に住む武塔《むとう》神という神が、海神の姫に会うため旅をしていて、宿に困った。裕福な暮らしをする巨旦《こたん》将来という者の家に行ったが断られ、貧しい蘇民将来の家に行くと快く泊めてくれた。

武塔神は喜び、自分が疫病の神とあかして、「汝《なんじ》と妻子は目印に茅《ち》の輪を腰に下げておけ」

と教えた。しばらくして武塔神は八人の子を率いて戻り、その夜、巨旦将来の一族以下全員が疫病で死んだ。以来、蘇民将来の子孫は茅の輪をつけ、戸口に子孫と書いた護符を貼る。

武塔神は、もとはインド祇園精舎《ぎおんしょうじゃ》の守護神牛頭《ごず》人身の牛頭天王、日本ではスサノオノミコトと融合し、厄神の中でももっとも強力な神とされている。

また、岩魚は生命力が強く、どんな山中の細流も遡ってテリトリーを確保する。悪食《あくじき》で虫ばかりか、時には水に落ちた鼠《ねずみ》も食用にする。その反面、釣り辛《づら》く、美味である。厄神がこの魚を好んだのは、岩魚の貴重性ゆえであろうか。

第五章　異星人か？　人智を超えた不思議なものたち

封―不老不死を約束する霊肉

徳川家康が征夷大将軍の地位を息子の秀忠《ひでただ》に譲って駿府《すんぷ》（現・静岡県静岡市）の城にいた頃、城内に突如不思議なものが出現した。

それは、大きさが幼児くらい。肉のかたまりのようなもので、目鼻もなく、手があっても指がなく、その手で天を指すように立っていた。

「これは何だ」

見つけた城中の侍たちが騒ぎ出したが、形の気味悪さに、初めはただ取り囲むばかりだった。

しかし、一人の侍が勇気を奮ってその奇妙なものを叩いてみると、ちょこちょこと走り出す。まわりにいた者どもはこれを追うが、そ奴は意外に素早く動き、どうしても捕えることができない。

この一件は家康のもとにも報告されたが、彼は少しもあわてることなく尋ねた。

「それは城中で何かしでかしたか」

「いえ、ただ走りまわるばかりで」

と家臣が答えると、家康は少しばかり考えてから、

「ならば、無害な者であろう。遠巻きにして城外に追い払うだけに止めておけ」

家来たちが命じられた通りにすると、奇妙なものはやがて姿を消した。

さて、その日、遅れて登城した侍の中に物知りがいた。朋輩からこの話を聞くと大いに悔しがり、

「それは唐の白澤図《はくたくず》にある、封《ほう》と申すものに違いない。その肉を食らえば、すなわち不老不死を得るとか。汝ら《なんじ》無知であるゆえに、みすみす良薬のもとを逃してしまったのだ」

この者の言葉は家康の耳にも入ったが、彼が何と答えたか記録されていない。

この話は、牧墨僊《まきぼくせん》が編纂した『一宵話《ひとよはなし》』に、

「異人（封）、慶長十四年（一六〇九）四月四日に出し事」

と記されている。牧は、封のことを、

「此怪物は切支丹なり。（中略）封とは形ことなり。封とはツトヘビ、ソウタの類なん」

と、よくわからない説明を書き加えている。

封はどこからやって来た？

「唐の白澤図にある封」とは、別名肉塊《にくかい》と呼ばれる、文字通り肉のかたまりらしい。

白澤が、大地の気を集めて作り出した清浄な食料をいうが、食料でありながら勝手に歩きまわり、突然、静岡あたりの城内に姿を現すというのは、どういうわけだろうか。

我が国における封を目撃した記録は、筆者の知るところ、この慶長十四年の事例のみだ。だが、調べていくと、封にそっくりな肉のかたまりの登場する演劇が、存在することがわかった。

室町時代後期に活躍した、観世長俊《かんぜながとし》の創作した能『呂后《りょこう》』である。

漢の高祖劉邦《りゅうほう》の第一夫人呂后が韓進《かんしん》・彭越《ほうえつ》など多くの忠臣を讒言《ざんげん》によって死に追いやり、その怨霊に悩まされるという物語だ。

政敵の粛清を終えた呂后が宴を楽しんでいると、宮廷の池に斬殺された戚夫人《せきふじん》が出現し、その毒気で呂后は病の床につく。家臣たちが見舞いの品を詰めた筒を彼女に贈ると、その筒が真っぷたつに割れて怪物が出現する。

「これは肉塊と申して、韓進・彭越が亡魂なり」

「封」と同類と思われる「ぬつへふほふ」。鳥山石燕『画図百鬼夜行』に描かれている肉人のようなもの。（東京藝術大学附属図書館蔵）

と叫ぶそれは、目も鼻も口もない。桃色の着ぐるみで、まさに封の形。呂后の家臣が斬ってかかれば、斬られたところが次々に口と化して、呂后の悪行をあげつらう。

こういうファンタスティックな風流能は室町後期独特の演目で、仕掛けの規模が大きい割には味わいに欠けるため、後世になるとほとんど上演されなくなった。

能舞台に怨霊が、肉塊の形で出現するのは唐突過ぎる気もするが、これは中国の物語であることを強調するためだろうか。当時、対明貿易は最高潮に達し、日本人の中に彼の地の情報が一気に流入した。明国人が貧富の差を問わず異様なほど肉食に固執することも知っていたはずである。現在でも俗諺《ぞくげん》に、

「中国人は脚の付いたものは机以外、なんでも食べる」

と言うが、穀類を食の基本とする当時の日本人には、食卓に肉類のあふれる大陸の食生活は、少々気味悪いものに感じられたに違いない。

家康が、自分の城に出現した「霊薬」に興味を示さなかった理由も、そのあたりにあるのではないだろうか。豊臣氏を打倒して、理想的な――あくまで家康個人にとってだが――武家社会を構築しようとする彼の眼には、長寿のためとはいえ人肉に近いものを口

にする行為が背徳的に映ったのであろう。

始皇帝も食べた仙薬「太歳」

この封に似た霊肉に「太歳《たいさい》」という、これまた正体不明の「食物」がある。植物とも動物ともつかず、何を餌にしているのかさえわからないが、放っておくと勝手に育つ。巨大化すると、大人が腕を広げても間に合わず、食しても無味無臭、ものによっては多少の苦みがある。「太歳」とはもともと木星（歳星）を指し、春や吉方を意味する。これも封と同じく霊薬として珍重され、秦の始皇帝も不老不死の仙薬として求めたという。

太歳は現在でも時折発見されてニュース種になる。近年では二〇〇五年、中国広東省《カントン》佛《フォー》山《シャン》市南海区獅子山の川辺でそれらしきものが発見され、ウエブサイトに写真が出ていた。白っぽく丸い物体で重さは二キロほど。傷を付けると粘液が出て傷口を自分で治してしまう。

当時、テレビ映像でもこれは取りあげられた。ナイフで切った太歳の断面は粒状に結合しており、かなりグロテスクに見えた。秦の始皇帝も食べた仙薬と紹介されていたが、よくこんなものを口にしたものだ、とコメントが付いていた。

中国科学院の植物学者は、太歳を「粘菌の仲間」ではないかと語っている。粘菌はアメーバ運動により動き回る特性と、菌類のように静止して胞子を飛ばす植物的な特性の両方を備えた単細胞生物のこと。環境に応じて集合体になり役割分担するという。だが、太歳については、現代の専門家をもってしても粘菌が巨大化したもの、トリュフのような地下生菌、細菌・真菌などの複合体……と、見解はバラバラで、その正体はいまだ分かっていない。

粘菌といえば、あの伝説の博物学者南方熊楠。もし、彼が太歳を手にする機会があったならば、この天才のこと、必ずやその正体を明らかにし、「封」との関連性も説明したことだろう。至極残念である。

人怪　駕籠の女

井原西鶴《さいかく》は、近世前期に活躍した俳諧と読み物の創作家だが、この人が貞享《じょうきょう》二年（一六八五）に書いたものに『西鶴諸国はなし』がある。

日本各地の珍聞奇談を三十五話ほど集めた、仮名草子の系統をひく雑話本（奇譚《きたん》集）で、俗に『大下馬《おおげば》』と呼ばれている。亡者との恋愛、数百年死ねずさまよう僧の物語など、いずれも興味深いものばかりだ。その中に「姿の飛び乗り物（津の国池田にありしこと）」という一風変わった怪談が載っている。

摂津国《せっつのくに》池田、現在の大阪府池田市は、兵庫県との境にある工業都市だ。古くは渡来人が織物を伝えた里とされ、呉服の語源となった呉服《くれは》神社も鎮座している。近くの山には「衣掛けの松」という古木もあるのだが、寛永《かんえい》二年（一六二五）の冬、この松の根方に、一挺《ちょう》の女駕籠《かご》が置かれていた。

板駕籠や辻駕籠のようなものではなく、塗りも美しい上臈《じょうろう》（高位の女性）の乗物だから、不審に思った村の人々が集まり中を覗《のぞ》き込むと、歳の頃二十三、四に思える美しい女が座っていた。駕籠の中には他に、女が使っていると思われる蒔絵《まきえ》の硯箱《すずりばこ》、菓子やカヤの実などもある。さらによく見ると、傍らに護身用なのか、鋭いカミソリも一丁置かれていた。

なんとも不思議な佇《たたず》まいに、村人の一人が勇気をふりしぼって声をかけた。

「かようなところに、なぜお前さまのような人がおられるのか。道に迷われたか。六尺《ろくしゃく》（駕籠担ぎ）に置いていかれたなら、我らが送って進ぜましょう」

親切にそう言っても、女は俯《うつむ》いて返事をしない。ただ時々、上目遣いに皆を睨《にら》む。その眼差しの恐ろしさに、人々は怖気《おじけ》づき、ついに逃げ出してしまった。

この話を聞いた町の役人が、人々に命じた。

「左様な上臈を物さびしいところに置いて、何かあったらどうする。急ぎ駕籠を担いで村に運び、一晩見張りを立てて、明朝役所に運んで来るように」

村人がおっかなびっくり衣掛けの松に戻ってみると、駕籠は消え失せている。

手分けして捜しまわると、呉服の里から一里（約四キロ）南の瀬川という土地の河原でようやく発見した。重い女乗物を担ぐには何人もの屈強な男手が必要だ。一体、何者が運んでいったのかと村人たちは首をひねった。

瀬川は西国街道の宿場町で、柄《がら》の悪い人足・馬方も屯《たむろ》するところだ。

なんだか上品な女が夜中、一人で路端にいるというので、下卑た男たちが忍んでくる。中には女を駕籠から引きずり出そうとする乱暴者もいたが、手を出した瞬間、女の袖口から蛇が飛び出して嚙みついた。

嚙まれた者は一時的に気を失い、その後、長わずらいの床についたという。

そのうち瀬川の町からも、駕籠は煙のように消えてしまった。

しかし、直後から各地で、同様な駕籠の目撃例が相つぐ。近所の旅籠《はたご》屋前に置かれていた、ある川の河原にあった、などと噂が立つ。そうこうするうち池田から東の高槻《たかつき》、丹波《たんば》の山近く、京の松尾大社の神前にもその駕籠は姿を現すようになった。

『西鶴諸国はなし』所載の「駕籠の女」の図。(国立国会図書館デジタルコレクション)

同時に話もだんだん恐ろし気なものに変わっていく。乗っていた美しい上臈が、見る者によっては童女であったり、八十歳くらいの翁であったり、顔なしの老婆であったり、誰も担いでいない乗物が宙を飛んでいくところを見た、という者さえ現れ、ついには遠くからでも駕籠が見えると皆、逃げ散るようになった。

この乗物の怪は「久我畷《くがなわて》」（京都府

山崎から久我に至る桂川右岸の提上の街道）の飛び乗物」と呼ばれ、約三十年、慶安《けいあん》年中まで続いたという。

怪異現象としては相当に息が長いが、別に因果話も付かず、ただ無意味に表れては消えるだけ、というのが逆に不気味だ。

飛ぶ乗物といい、普通の人々を観察するような乗員の態度といい、現代のUFO話にもどことなく似ている。

「うつろ船」の美女

江戸の享和《きょうわ》三年（一八〇三）といえば、化政文化がまさに華ひらく頃。前年には十返舎《じっぺんしゃ》一九《いっく》の『東海道中膝栗毛《ひざくりげ》』が大当たりをとって、巷《ちまた》に庶民向けの出版物があふれかえった。同時期、ヨーロッパではナポレオンが台頭し、大陸諸国に混乱が起こっている。

そんな年の二月。常陸国《ひたちのくに》（現・茨城県）鹿島郡原舎浜《はらとの》の海上に、奇妙な物体が現れた。

初めはただ丸い物体が、波間に漂っているばかりに見えたが、不審に思った一人の漁師が船を漕ぎ寄せて中を覗くと、動くものが見える。

何か仔細があるに違いない、と浜の者も船を出し、その丸いものに縄をかけて浜辺まで引いていった。

引き上げてみれば、異様な形である。大きさは、直径一丈《じょう》八尺《しゃく》（約五・四メートル）高さは一丈二尺（約三・六メートル）。まるで巨大な飯釜のようだ。下半分は金属の筋板で補強され、縁は鋭く尖っている。

「釜」の上面はさらに奇怪だった。丸や四角の窓らしきものがあり、そこにはギヤマン（ガラス）がはめ込まれている。しかも、ガラスの隙間は「チャン」らしきもので塗り固められていた。

「チャン」とは、瀝青《れきせい》とも言う。油田地帯に湧き出すタールを蒸留して防水剤に用いる。日本でも越後（現・新潟県）のあたりに少量流れ出るチャンを、昔は灯器の内側に塗ったりして用いたから、漁民もこれは知っていた。

しかし、円盤にはめ込まれたガラスの大きさと、それで防水加工された「乗物」に出会ったのは初めてだ。

「おい、中にいるのは女らしいぞ」

一人の漁師が指差した。ガラス窓の向こうは狭い部屋になっていた。なんとそこには、黄色がかった白髪（つまり薄い金髪）を後ろに束ねた妙齢の女性が、微《ほほ》笑《え》みつつ座っているではないか。背の丈は五尺（約一・五メートル）。肌は雪のように白い。「仮髪《かもじ》白し。何とも弁じがたき（説明することができない）ものなり」

後に描かれた絵図にはこうある。さらに観察すれば、その女は青い異国風の衣装をまとい、「四方二尺（約六十センチ）ほどの箱」をさも大事そうに抱えている。見ていた漁師の一人が、それはなんだ、という風に指差すと、女は手で押し隠すような仕草をした。よほど大事なものであるらしい。

他には、二升ばかり入る瓶《びん》、敷物二枚、菓子のようなものも確認された。

「どうしよう。このままにしておけまい」

「このギヤマンの窓をかち割って、引っぱり出すか」

村人は総出で知恵を絞った。

「人相風体《ふうてい》から見て、これは異国の女らしい」

「異国人なら大ごとだ。もし外に出して、妙な病でもうつされたら、村は全滅するぞ」

この頃、太平洋に面した地域では時折、嵐によって漂着する外国籍の捕鯨船が相継ぎ、これと交流したため病にかかる者もあった。

「なによりも、こういう迷惑な『お客』は、おかみに届けなければならない。お届け書きを書き、代表の者を御役向きに出す費用も馬鹿にならん。第一、このお客をどこに閉じ込めておけばよいと思う」

知恵者の言葉に、村人たちは頭を抱えた。

さらにこう言う者もいた。

「この異国の女は、俺の思うところ、なにか罪を着て、海に流されたに違いない。そうさ、なあ。こういうきれいな女の罪状といえば、不義密通だろう」

「俺もそう思う。男の方は殺され、女は高貴な身分で、殺すに忍びず海へ流されたんだ。うつろ船という奴だな。女の抱えている箱は、その愛しい男の生首でも入っているんだろうよ」

ああだ、こうだと言う間に、時は過ぎていく。村の主だった者が出した結論はひとつだった。

「仕方あんめえ。流れ寄ったものは、また沖に流すだ。なかったことにするのが一番だ」

村の漁師たちは再び船を出し、その奇妙な円盤形の船を沖に曳《ひ》いていった。この間、船内の女は、ただ微笑んでいるばかりだったという。

村人たちは、このことは他言無用と言い交わした。何より、この可哀そうな異国の美女を、海に流したことが後ろめたかったのである。

が、人の口に戸は立てられない。誰言うとなくこの話は「うつろ船の美女」として近隣の評判となり、ついには瓦版のネタとなって江戸まで伝わった。

時まさに、寛政異学《かんせいいがく》の禁が解け、オランダブームが始まっている。江戸の文化人は、この不思議話に飛びついた。読本作者の滝沢馬琴《ばきん》などもいくつかの推論を書き遺している。

この時、巷にあふれ出た「うつろ船」の図を、現代の人間が見れば、即座に「UFO」と答えるだろう。形はまさに一九四七年以来、物議をかもし続けるあの円盤状の未確認飛行物体（ケネス・アーノルド事件と呼ばれる）――この場合、空を飛んでいないが――うりふたつなのだから。

こうした異様な伝承は、人々の興味をひくようだ。近年にも何冊か「うつろ船」関連の

假髻
白シ何トモ
辨シカタキ
モノナリ
此箱二尺許四方
ネリ玉青シ
如此蛮字船中ニ多ク有之
硝子障子
外ハチヤンニテ
塗タリ
鉄ニテ
張リタリ

『兎園小説』に載っている「うつろ船」と「女」の図。船内に多くあったという蛮字の書き込みがある。

書籍が出版されている。

ともあれ、この「うつろ船の美女」は、歴史資料の中へ唐突に現れたオーパーツのように、今も人々の興味をひきつけて止まない。

空に出現するもの・怪人と怪光

江戸後期の随筆家で加藤曳尾庵《えびあん》という人がいる。まるでフランスの鉱泉水みたいな名だが、本業は医師である。戯作者の山東京伝《きょうでん》や、その弟子筋の滝沢馬琴とも親しくつき合う、ずいぶん洒脱《しゃだつ》な人だったらしい。

その曳尾庵先生の『我衣《わがころも》』という本の中に、奇怪な話が載せられている。夏の夜、曳尾庵の友人で儒学者の多紀貞吉《さだきち》という人が、男女四人ほどで夕涼みに出かけた。

その年の暑さは耐えがたく、夜更けに入っても熱気が江戸の町を覆っていた。四人は家近くの隅田川に出て、両国橋の袂《たもと》で談笑した。

昼間は芝居・見世物で賑わう両国火除け地の一帯も、閑散としていた。川面を渡って来る涼風の心地よさに、貞吉たちはつい長居した。気づくと、子《ね》の刻（午前〇時頃）を告げる拍子木が鳴っている。

さて、帰ろうか、と腰をあげたその時である。

突然、あたりが真昼のように明るくなった。頭上に閃光《せんこう》が走り、それが尾をひいて、川下の方へ流れていった。

あれよ、と四人が腰を浮かすと、さらに奇怪なものが目に映った。

その光を追って宙を駆ける馬上の人物が出現したのである。

馬は青味を帯びており、馬上の人は古風な狩衣《かりぎぬ》を着けている。まるで神社の神主か公卿のようだった。

人馬は、地上から一丈（約三メートル）ほどの高さを泳ぐように進んでゆく。

みな恐怖に目を見合せて、呆然としていた。連れの女は、震えながら急いで家に戻ったが、その後なかなか寝つけなかったという。

これは文化十三年（一八一六）七月二十八日のことだ。

この怪光と、宙を行く怪人を目撃したのは、多紀貞吉ばかりではなかった。同年八月の初めに江戸市中に同様な噂のたったことが、別の記録に見える。

「夜更け過ぎ、本所のあたりから狩衣に烏帽子《えぼし》をつけ、馬に乗った者が、宙を飛んで来た。その妖しい人物を両国橋の茶屋に腰かけていて、確かに見たという者もおり、巷では評判となった」（『半日閑話《はんにちかんわ》』大田南畝著）

滝沢馬琴も『兎園小説《とえんしょうせつ》』に同様なことを書いている。

「七月十日の夜、亥の刻（午後十時頃）、御公儀（幕府）の侍医で山本宗英《そうえい》というものが、本所に住む野間何某《なにがし》という同業の家を訪ねての帰り路に両国橋を渡っていると、川の上を一条の火焔《かえん》が、青い尾をひき、吾妻橋から大橋の方に飛ぶのが見えた。何事であろうかと目を凝らしていると、光の尾の中に青い衣服をまとった人々が見えた。それらはすべて古風な衣冠束帯《いかんそくたい》姿で馬に乗り、まるで怪光を供奉《ぐぶ》するようであった。祭礼行列のように橋の上、一丈あたりの中空をしずしずと練る彼らは、川下へ進むにつれて少しずつ姿が薄らいでいった。山本宗英は、それを飽かず眺め続けた」

馬琴は、同年八月四日、東日本に大被害を与えた大暴風雨の予兆が、こうした怪異ではなかったか、と推察している。

空行く船と噴火

空を行く異形は、騎馬の男ばかりではない。それより二十四年前の肥前島原《ひぜんしまばら》原城下《はら》では、多数の帆掛け船が上空に出現したという。

当時、島原に住む多くの人々が、驚きつつこれを眺めた。はたして数日後、雲仙岳《うんぜん》の噴火が始まった。寛政《かんせい》四年（一七九二）春噴火と呼ばれるこの災害では山津波が発生し、多くの人々が死んだ。

この頃、島原城下に一人の盲人が暮らしていた。「天地が覆らん時にも、人並みに逃げることは叶うまい」と思っていた彼は、常に草鞋《ぞうり》や杖を身近に置いて注意の上にも注意を欠かさなかった。

ある時、地震や山鳴りといった変異が続き、胸騒ぎがした彼はすぐに家を出て北に向かい、杖をつきつつ二十里（約八十キロメートル）以上も走って長崎に逃れた。住んでいた城下が山津波で埋まったと耳にしたのは、直後のことであったという。

この話が収められている『北窓瑣談《ほくそうさだん》』（橘南谿著）は、盲人の日頃の心掛けの良さ、正しく恐れることの大切さを書き残している。

また、この書には船の幻について、

「雲仙岳からのぼる熱気によって、近くの海を行く船が宙に映し出されたものではないか。数年前、蝦夷地《えぞち》（現・北海道）の松前《まつまえ》で津波が起きる直前、空中に神仏の姿が現れ騒然となったが、これは、別の場所に立っていたアイヌの人々が、なんらかの気象の加減で映し出されてしまったという」

即ち、蜃気楼《しんきろう》――光の異常屈折――と、この時代の人としては、なかなか合理的に解釈しようと努力している。

現代なら逆にこういう現象は、ＵＦＯや未確認生物などの関連として、オカルト系雑誌の誌面を賑わすところだろう。

怪光―隕石か天変地異の前触れか

文化十三年夏の「宙を行く怪人話」は珍しいものだが、「怪光」の目撃談となると、これは山のように記録が残っている。

江戸の初期から後期にかけて、私的な聞き書き書に残る大きな事件だけでも七件。記録

に残らぬものともなれば恐らく数百件に上るだろう。この七件を時代順にあげていくと、

①貞享《じょうきょう》二年（一六八五）二月二十二日夜、京の町上空を東南から北西に向かって怪光が走り、町中が真昼のようになる。（『閑際筆記』）

②明和《めいわ》七年（一七七〇）七月十八日、戌ノ下刻（午後九時頃）、京の上空を西方から北東に向って菅笠ほどの大きさで、横から見ると太い薪《まき》が燃えているようなものが走った。（『折々草』）

③明和七年七月二十八日、戌《いぬ》の刻（午後八時頃）。江戸北方の夜空が赤く輝き始め、次第に東西の空も赤くなって、空は扇の骨のように一面、筋が付いて丑《うし》の刻（午前二時頃）に収まった。（『半日閑話』）

④寛政十年（一七九八）十月二十九日、江戸では夕刻から空に星が飛び始めたが、夜半に入るとそれはまるで雪が降るようになり、人々が見物した。（『武江年表』）

⑤文化四年（一八〇七）九月三日、酉《とり》の刻（午後六時頃）、青みを帯びた光る物が、江戸の空を東北から南に向かって飛んだ。大きさは毬《まり》のようで、かなり高いところを進ん

でいったという。（『街談文々集要』）

⑥文化十三年（一八一六）某日、肥前国では各所で空から怪しの火が降り、火災が多発した。火は水で消えず、雪駄《せった》で追い払うしかなかった。（『筆のすさび』）

⑦文化年間の末（一八一八年頃）ある夜の申《さる》の刻（午後七時頃）、江戸の上空、北東から南西に向かって、大きさ三尺（約一メートル）ばかりの火の玉が駆け抜けていった。直後に西の方から山崩れのような音が聞こえ、家々の建具がガタガタと鳴った。八王子宿の近くでは、地面が窪《くぼ》み、近隣の家が傾いたという。（『猿著聞集《さるちょもんじゅう》』）

これらの証言は、特徴から見て隕石《いんせき》のようにも思えるが、③④⑥のように、そのいずれの現象にもあてはまらず、将軍家から天文方へ問いあわせがあったり、京の朝廷が臨時の祈禱《きとう》を行ったりした例さえある。

とくに明和七年は、他にも天変が多く、四月には星が月を貫くように見えたり、また赤気が目撃された前月には夕暮れ、東から南に向かって白い気雲が長々とたなびき、人々は釈迦如来《しゃかにょらい》の出現だ、と大騒ぎしている。何か空に光る人の形をしたものも見えたようだ。

光る巨大な鮑

怪光は空ばかりか、海中にも出現している。

寛文《かんぶん》五年（一六六五）のある日、安房国《あわのくに》平群郡《へぐり》（現・千葉県の房総半島の南端あたり）亀崎の海中から昼夜をわかたず、光が発せられた。

あまりの明るさに魚が逃げ、漁にも支障をきたして、周辺の人々は困り果てた。すると、漁師の中で潜りに自信のある年寄りが、

「こういうことは手慣れた者にまかせろ。俺が正体を見届けて来る」

と言って船を漕ぎ出し、光を放つ場所から二町（約二百二十メートル）ほどのところで海に入った。水中を這《は》い寄って、光る物体に近づいたが、すぐにまた戻って来た。彼が皆に語ったところによると、

「大きさ七、八間（約十二・七〜十四・五メートル）もある大きな鮑《あわび》から光が出ているのだが、その勢いが凄まじく、近づくことが出来なかった」

ということだった。しかし、老漁師が近寄ったことが原因か、光は徐々に力を失い、鮑もどこかへ行ってしまったという。

この話は、一九八〇年代から二〇〇〇年代初めにかけて、メキシコ・ユカタン半島沖や、シベリアの大河で目撃された水中UFOの怪光によく似ている。

また、初期のUFOが「空飛ぶ円盤《フライング・ソーサー》」と名づけられていたものの、実際にはいびつな楕円形であることは、マニアの間で知られている。

その形はまさに巨大な鮑と言ってよく、そうした意味でもこの江戸期の老漁師の目撃談は注目に値する。

世の変革のきっかけとなる怪光

こうした異常な光る物も、古くは兵乱や疫病の発生を予兆するものとされてきた。

隕石・彗星《すいせい》・惑星の接近・未確認飛行物体などが目撃されると、洋の東西を問わずそれが政変のきっかけとなった。

悪女妲己《だっき》におぼれた殷《いん》の紂王《ちゅうおう》が周に破れるきっかけは都近くに落ちた隕石だった。また、唐を衰微させた安禄山《あんろくざん》は、惑星の異常接近を見て反乱を決意したという。西暦一〇六六年、ノルマンのイングランド征服も、イギリス王エドワードが死に、ハロルドが王位を継いだ

「雷光の図説」と題された瓦版。慶応2年6月24日の夜に出現した大きな人魂や、天空が落ちたとの噂について書かれている。下段は、淀川に現れた巨大魚について書かれているが、その姿は魚というよりも怪獣のようだ。(国立歴史民俗博物館所蔵)

直後、空を飛んだハレー彗星によってだった。彗星がハロルドの継承を正統ではないと告げた、とされる。

日本でも陰陽道《おんみょうどう》では、普段目にすることのない怪光が出現すると、「穢《けがれ》」と称し、通常の祭祀《さいし》が延期され、凶星鎮静の祀りが執行される。

常にない妖怪の出現も、この怪光と関連があると言い、陰陽師《おんみょうじ》は古い記録をもとに物《もの》忌《い》みや祓《はらい》の術を行った。

コロナ禍の現在も、寺社に連なる彼らは、九世紀以降連綿と続く呪術を、密かに執行しているという。

あとがき

バリ島へ旅行した時のこと。朝、村を散策していると、大きなトレイを頭に載せた女性たちに行き合った。トレイにはバナナの葉に盛った米や花が見える。なにを売り歩いているのかと好奇心にかられて後をついていけば、神聖な雰囲気の場所に出た。

女性たちは物売りではなく、神々にお供えを運ぶ信者の一行だったのだ。さらによく観察すると、その供物を置く場所もバラエティに富んでいた。本尊はもとより、付属の小祠、燈明台、石段、柱の隙間。果ては寺院に巣くう鳥や猫の寝床まで彼女らは恭しく供物を並べていた。そこにはそれだけの数の小さき神々が存在しているのである。

ガイド・ブックで調べてみると、その寺院には善神あり、祟《たた》り神あり、人畜無害な蛙やイモリの神まで無慮数百を超える神々が「同居」していることがわかった。

さて、ホテルに戻って同じツアー仲間の外国人らと会食した。朝に見たことを皆に語ると、アメリカ東部出身の中年男性が少し苦い顔をして、多神教徒の経済的エネルギーのロスと、唯一神信仰の優越性を滔々《とうとう》と述べ始めた。東南アジアを単なるリゾート地としてしか認識していない欧米人の中には、時折こういう人物がいる。その時、同席していたバリ人のコーディネーターの、複雑な表情は忘れられない。

が、その後、イギリスに行き、一神教徒もそこまで厳格な宗教観の持ち主ばかりではないことがわかった。ロンドンの下町ランベスの帝国戦争博物館に入ると、世界大戦に参加した兵士たちの「お守り《チャーム》」コーナーに行き当たった。そこにはキリスト教徒の印の他、砂や木片、ウサギの足、狼や鯨の歯、女性の髪の毛、ケルトやゲルマンの呪文、薬草など、ありとあらゆる携帯品が縁起物として展示されていた。同様な展示はパリのアンバリッドやベルギーの博物館にもあった。砲弾飛び交う極限状態の中、溺れる者は藁をも掴む。兵士たちは己の直感を信じ、身近で親近感のある「神々」を優先させたのだろう。唯一神の救いなどというお堅い話ばかりに頼っていられるか、という庶民感覚がここにはあった。

振り返って、コロナ禍の緒戦において始まったアマビエブームの底にはなにがあるのか、考えてみる。多神崇拝に慣れた日本の庶民は、彼女（彼）を、一介の妖怪から流行《はや》り神へと変化させたのだ。しかも、アマビエをコロナ禍という閉塞《へいそく》状況の中に出現した、一種のキャラクターとして、二次元・三次元の世界で、種々造形化していった。人気の一因は、その愛らしい奇妙な姿にあっただろう。しかし、流行り神であるかぎり、早晩その存在は忘れられていく。

本書の執筆を引き受けたのは、そのことがちょっと寂しく感じたからだ。一連のコロナ騒ぎが人々の記憶から薄れた後も、どこかに展示されたアマビエを見て、ロンドン・ランベスのお守りのように、この二十一世紀前半の世界的な悲劇を思い返せるきっかけになればと思い、これを書いてみた。

二〇二一年二月

著者

参考文献

・『増補　幕末百話』篠田鉱造著（岩波書店、一九九六）
・『古今著聞集』日本古典文学大系　第84（岩波書店、一九六六）
・『武道伝来記』（岩波書店、一九六七）
・『浮世絵師　歌川列伝』飯島虚心著（中央公論社、一九九三）
・『我衣』日本庶民生活史料集成　第15巻（三一書房、一九七一）
・『街談文々集要』珍書刊行会叢書3（歴史図書社、一九七五）
・『妖怪の通り道　俗信の想像力』常光徹著（吉川弘文館、二〇一三）
・『増訂　武江年表』（1・2）東洋文庫（平凡社、一九六八）
・『藤岡屋日記』近世庶民生活史料　第3巻（三一書房、一九八七）
・『明治妖怪新聞』湯本豪一著（柏書房、一九九九）
・『奇事流行物語―奇態流行史』宮武骸骨著（人物往来社、一九六一）
・『日本瞥見記』全訳小泉八雲作品集　第5巻（恒文社、一九六四）
・『未刊採訪記』桜田勝徳著作集　6（名著出版、一九八一）
・『思想旬報』特高警察関係資料集成　第三十巻（不二出版、一九九四）
・『戦場からの知らせ』戦争の民話Ⅱ（手帖舎、一九八九）
・『鳥の町』噺本大系　第10巻（東京堂出版、一九七九）

・『仮名世説』新日本古典文学大系 97（岩波書店、二〇〇〇）
・『放屁論』日本の古典―25 江戸小説集Ⅱ（河出書房新社、一九七四）
・『東西不思議物語』澁澤龍彥著（河出書房新社、一九八二）
・『江戸娯楽誌』興津要著（講談社、二〇〇五）
・『新訂 魏志倭人伝・後漢書倭伝・宋書倭国伝・隋書倭国伝』（岩波書店、一九八五）
・『枕草子』（筑摩書房、二〇一七）
・「角川日本地名大辞典」8茨城県 13東京都 33岡山県（角川書店、一九八三、一九七八、一九八六）
・『日本俗信辞典 動物編』鈴木棠三著（KADOKAWA、二〇二〇）
・『新編武蔵風土記稿』東京都区部編第二巻（千秋社、一九八二）
・『太平記』（岩波書店、二〇一四）
・『和漢三才図会』（6）東洋文庫（平凡社、一九八七）
・『雨窓閑話』日本随筆大成第一期7（吉川弘文館、一九九三）
・『本朝語園』（古典文庫、一九八三）
・『燕石雑志』日本随筆大成第二期19（吉川弘文館、一九九五）
・『奇異雑談集』近世怪異小説 近世文藝資料3（古典文庫、一九五五）
・『信長公記』『戦国史料叢書』第二（人物往来社、一九六五）
・『図説・日本未確認生物事典』笹間良彦著（柏書房、一九九四）
・『日本書紀』（4・5）（岩波書店、一九九五）

・『扶桑略記』國史大系　第12巻（吉川弘文館、一九九九）
・『梅翁随筆』日本随筆大成第二期11（吉川弘文館、一九七四）
・『雲根志』日本古典全集第三期20（現代思潮社、一九七九）
・『甲子夜話』（2）東洋文庫（平凡社、一九七七）
・『龍─神秘と伝説の全容』笹間良彦著（刀剣春秋新聞社、一九七五）
・『譚海』日本庶民生活史料集成8（三一書房、一九六九）
・『雲錦随筆』日本随筆大成第一期3（吉川弘文館、一九九三）
・『字通』白川静著（平凡社、二〇一四）
・『日本怪奇集成　江戸時代篇』（宝文館出版、一九七五）
・『幕末狂乱─コレラがやって来た！』（朝日新聞社、二〇〇五）
・『秉稲録』日本随筆大成第一期20（吉川弘文館、一九七六）
・『災害と妖怪──柳田国男と歩く日本の天変地異』畑中章宏著（亜紀書房、二〇一二）
・『本朝神社考』日本庶民生活史料集成第26巻（三一書房、一九八三）
・『一宵話』日本随筆大成第一期19（吉川弘文館、一九九四）
・『鳥山石燕　画図百鬼夜行全画集』（角川書店、二〇〇五）
・『大博物学者─南方熊楠の生涯』平野威馬雄著（リブロポート、一九八二）
・『西鶴諸国はなし』新日本古典文学大系76（岩波書店、一九九一）
・『兎園小説』日本随筆大成第二期1（吉川弘文館、一九九四）

・『半日閑話』日本随筆大成第一期8（吉川弘文館、一九九三）
・『北窓瑣談』日本随筆大成第二期15（吉川弘文館、一九九五）
・『閑際筆記』日本随筆大成第一期17（吉川弘文館、一九九四）
・『折々草』日本随筆大成第二期21（吉川弘文館、一九九五）
・『筆のすさび』日本随筆大成第一期1（吉川弘文館、一九九三）
・『猿著聞集』日本随筆大成第二期20（吉川弘文館、一九九五）
・『新著聞集』日本随筆大成第二期5（吉川弘文館、一九九四）
・『東西遊記』東洋文庫（平凡社、一九七四）
・『一話一言』日本随筆大成別巻1〜6（吉川弘文館）
・『妖怪文化研究の最前線』小松和彦著（せりか書房、二〇〇九）

東郷 隆《とうごう りゅう》

作家。時代小説家。一九五一年、横浜市生まれ。國學院大学卒。同大博物館研究員、編集者を経て、作家に。九四年『大砲松』により吉川英治文学賞新人賞、二〇〇四年『狙うて候 銃豪村田経芳の生涯』で新田次郎文学賞、二〇一二年『本朝甲冑奇談』で舟橋聖一文学賞を受賞。近著に『妖しい刀剣』（出版芸術社）などがある。

インターナショナル新書〇七一

病《やまい》と妖怪《ようかい》

——予言獣《よげんじゅう》アマビエの正体《しょうたい》

二〇二一年四月一二日 第一刷発行

著者 東郷 隆《とうごう りゅう》

発行者 岩瀬 朗

発行所 株式会社 集英社インターナショナル
〒一〇一-〇〇六四 東京都千代田区神田猿楽町一-五-一八
電話 〇三-五二一一-二六三〇

発売所 株式会社 集英社
〒一〇一-八〇五〇 東京都千代田区一ツ橋二-五-一〇
電話 〇三-三二三〇-六〇八〇（読者係）
〇三-三二三〇-六三九三（販売部）書店専用

装幀 アルビレオ

印刷所 大日本印刷株式会社

製本所 加藤製本株式会社

 ISBN978-4-7976-8071-3 C0239

インターナショナル新書

034
へんちくりん江戸挿絵本
小林ふみ子

現代の漫画を凌ぐトンデモな発想が江戸にあった！　遊里に遊ぶ神仏、おかしな春画…京伝、北斎、南畝ら異才による「へんな和本の挿絵」の見所を解説。諸星大二郎氏、田中優子氏、推薦。

036
三河吉田藩・お国入り道中記
久住祐一郎

古文書から読み解く参勤交代のリアル！　若殿様、初のお国入りは成功するのか？　集合は真夜中！　食事と宿はチケット制！　江戸に旅行代理店？　参勤交替マニュアルが存在した？　磯田道史氏推薦。

069
「現代優生学」の脅威
池田清彦

戦後、一度は封印されたはずの「優生学」が奇妙な新しさをまとい、いま再浮上している。その広がりに大きく寄与しているのが、科学の進歩や新型コロナウイルスである。優生学の現代的な脅威を論じる。

070
ウンチ化石学入門
泉賢太郎

太古の生物の足跡やウンチなどの化石を研究すれば生物と地球の歴史、宇宙の未来が見えてくる。ウンと深く、蘊蓄と含蓄に富むチ的なストーリーが潜んでいるのだ。ティラノサウルスのウンチ化石もチ的に解釈する。